개혁자의 도전과 열정

글 / 사진 이 백 호 목사
by Rev. Baick Ho Lee

PCMG KOREA
Pacific Coast Mission Group

우리가 살아도 주를 위하여 살고 죽어도 주를 위하여 죽나니
그러므로 사나 죽으나 우리가 주의 것이로라
(롬 14:8)

Whether we live or die, it must be for the Lord.
Alive or dead, we still belong to the Lord.
(Romans 14:8)

Leben wir, so leben wir dem Herrn; sterben wir, so sterben wir dem Herrn.
Darum: wir leben oder sterben, so sind wir des Herrn.
(Römer 14:8)

개혁자의 도전과 열정
The Defiance and Passion of the Reformers

글 / 사진 이 백 호 목사
by Rev. Baick Ho Lee

오직 의인은 믿음으로 살리라

이동진

그날 그 들판에 벼락이 쳤다.
친구의 심장은 멈추어버리고
당신은 고꾸라져 두려움에 떨었다.

그토록 무서운 공포
삶, 죽음, 심판의 주 하나님이
벼락보다 무섭게 짓눌러왔다.

나를 드리리이다.
인생의 길을 바꾸다.
저기로 가야 심판이 없으리
그리로 가야 지옥이 없으리
당신은 묵묵히 수도원으로 걸어갔다.

벼락치던 들판 스토테른하임에
다시 햇빛나고
루터, 당신은 새 길을 걷는다.

그러나 해결되지 않는 죄성의 근원
해갈되지 않는 목타는 간구
도저히 내 몸처럼 당신을 사랑할수 없습니다.

그렇게 몸부림치던 당신에게 다가온 로마서
생수가 터지고
의가 깨지고
은혜가 임하고
루터가 깨지고

그 안에 하나님의 의가 나타나서
믿음으로 믿음에 이르게 하나니
기록된바
오직 의인은 믿음으로 살리라
함과 같으니라.

당신은 보았다.
십자가에 달린 하나님
십자가에 묻은 붉은 피
보배로운 피 밖에 없다.
예수의 보혈 밖에 없다.

마침내 눈이 열리고
부패한 시대, 부패한 교회가 보인다.

마침내 당신은 반박문을 들고 노래했다.
내주는 강한 성이요 방패와 병기 되시니
큰 환란에서 우리를 구하여 내시리로다.

그리고 오백년 후
오늘 우리도 노래하며 일어선다.
이 땅에 마귀 들끓어 우리를 삼키려하나
겁내지 말고 섯거라 진리로 이기리로다.

성화장로교회(LA) 담임목사

복음은 산 넘고 물 건너 땅 끝으로

만년설로 옷 입은 알프스

복음의 진리를 지키고 전하기 위한 왈덴스 형제들의 피난처 왈덴스버그 / 이태리

체코(보헤미안)의 개혁자 얀 후스 기념비 / 프라하·체코

얀 후스가 화형 당한 바위 / 콘스탄츠·독일

위클리프의 영향을 받아 성경을 번역하고 복음을 전하다 순교한 영국의 종교개혁자

틴데일 순교 기념비 / 브뤼셀·벨기에

잔 낙스가 스코틀랜드의 종교개혁을 이끌다 체포 당했던 유적

앤드류 성채 / 에든버러 · 스코틀랜드

존 낙스가 10년 동안 목회를 했고 마지막 설교를 했던 스코틀랜드 개혁교회

성 질레스 교회 / 에든버러 · 스코틀랜드

흙으로 돌아간 영웅들의 안식처

웨스트민스트 사원 / 런던·영국

웨슬리 기념교회 / 런던 · 영국

마르틴 루터가 95개 조항의 반박문을 게시한 비텐베르크 성 교회 / 독일

루터를 재판하기 위해 제국회의가 열렸던 **보름스 대성당** / 독일

HIER STAND
MARTIN LUTHER
1521
루터, 이곳에 서다!

루터 광장 / 보름스 · 독일

칼레 시청 / 프랑스

칼레를 살리기 위한 위대한 선택 노블레스 오블리주Noblesse Oblige-명예와 의무

<칼레의 시민> 로댕

르네상스 문화의 걸작 산타마리아 델 피오르와 두오모 / 피렌체 · 이태리

종교개혁 기념비 / 제네바 · 스위스

이름도 없는 무덤에는 묘비라도 있는데 칼빈의 무덤은 오직 작은 돌판만이
이곳이 그의 무덤임을 알려준다.

초장에 묻힌 칼빈의 무덤 / 제네바·스위스

가을이 남기고 간 알테부르케 다리 / 하이델베르크·독일

알프스의 설봉에서 눈과 이슬이 녹아 흘러 내린 라인폴

프라우엔 교회의 파이프오르간 / 드레스덴·독일

인간의 본질인 에로스(사랑)를 노래한 오페라 '탄호이저'를 초연한 예술의 전당

젬퍼 오페라 하우스 / 드레스덴·독일

츠빙거 궁전 / 드레스덴 · 독일

상수시 궁전 / 포스담·독일

헤른후트 최초의 기도처 / 독일

교회개혁에 관해 모처럼 좋은 책을 만났기에 추천합니다. 〈개혁자의 도전과 열정〉이란 제목의 이 책은 종교개혁자들의 발자취를 따라 일일이 현장을 발로 다니며 무려 45장에 이르는 현장 사진을 싣고 있습니다. 이 일에 사명감을 지닌 이백호 목사가 독일에서 사역하는 이창배 목사의 안내로 직접 현장을 다니며 사진을 찍고 글을 썼습니다.

그 어느 때보다 개혁 정신이 필요한 한국교회의 현실입니다. 한국교회가 지금의 정체된 상태에서 벗어나 개혁의 깃발을 새롭게 올리려면 앞선 개혁자들을 통하여 배워야 합니다. 그런 점에서 이 책은 한국교회 개혁 운동의 교과서가 될 수 있는 내용을 담고 있습니다.

우리는 개혁교회의 후예들임을 입으로는 늘 말하면서도 실제로는 개혁 정신을 잘 모르고 있습니다. 이 책에는 종교개혁운동이 본격적으로 일어난 16세기 초 이전으로 거슬러 올라가 왈도나 얀 후스, 위클리프 등의 개혁 운동 이전 선각자들의 발자취를 찾는 데서부터 시작하고 있습니다. 그리하여 개혁 운동의 긴 역사의 발자취를 생생하게 사진과 글로 담고 있습니다. 특히 개혁 운동으로 일어난 서구 교회들이 지금에 이르러 무너져 가고 있는 생생한 현장까지 담았습니다.

영국교회와 독일교회를 위시한 유럽교회들이 허물어져 가고 있는 모습을 읽노라면 한국교회의 미래를 보는 것 같아 큰 각성의 마음을 일으켜 줍니다. 그리고 앞으로 세계교회를 향한 한국교회의 사명을 불러 일으켜 주는 도전이 되는 책이기도 합니다.

한국교회는 아시아에서 처음으로 성공한 교회입니다. 한국교회의 성공은 유럽교회와 미국교회의 도움이 컸습니다. 우리는 그들에게 빚을 지고 있습니다. 그러기에 심기일전하여 교회의 개혁성을 가다듬어 활기찬 한국교회를 이루어, 복음을 전해 받은 유럽교회와 미국교회에 오히려 역선교를 하겠다는 비전과 열정을 품어야 할 때입니다. 바라기는 많은 분들이 이 책을 읽고 도전을 받아 개혁교회의 도전과 열정을 불러일으킬 수 있기 바라며 추천의 글에 대신합니다.

두 레 수 도 원
김 진 홍

추천사

인류 역사는 문명의 발달과정에서의 역사라고 볼 수 있다. 3,000여 년간의 농경시대엔 별로 변함이 없었지만 그 후 300여년간의 산업 사회에 많은 변화와 발전이 거듭되었다. 1990년대에 들어와 정보화 사회가 되면서 급격한 변화에 이어, 2000연대에 AI 즉 인공지능시대가 되면서 예측 불허의 시대가 되었다. 앞으로 10년 후엔 이 세상이 어떤 모습으로 탈바꿈이 될까?

그러나 기독교 역사는 성서를 근본으로 하는 개혁의 역사라 할 수 있다. 개혁의 중심은 예수 그리스도이고 그의 영향력은 절대적이었다. 구약과 신약, BC와 AD, 율법과 은혜의 큰 획을 이룬 개혁자 예수 그리스도의 영향 하에 수많은 개혁자와 순교자의 희생이 인류 역사에 큰 공헌을 한 것은 부인할 수 없는 사실이다. 기독교 역사는 예수 그리스도의 십자가에 근거를 둔 개혁자들이 개혁에 개혁을 거듭해 오늘에 이르렀다 할 수 있다.

내가 2008년 Midwest University 박사과정 강의를 마치고 LA 이백호 목사 가정에 며칠 머무르며 당시 LA 교계 신문에 기고한 이목사의 성지순례 기고문을 보면서 성서적으로 내용을 보완해 출판하기를 적극 권면을 하였는데 그 이듬해 "바울의 길 나의 길"이 출판되었다. 한마디로 바울의 선교 여정으로 볼 수 있고, 이어서 출판된 "순례자의 길은" 예수님의 행적으로 볼 수 있는데 이번에 출간되는 〈개혁자의 도전과 열정〉은 예수의 개혁에 근거한 개혁자의 얼이 담겨져있어 저자의 노고를 치하 하며, 이를 위해 미국 이목사의 집에 가서 여섯 달 동안 머물며 편집을 도운 방경석 집사의 숨은 숨결이 담겨져 있기에 진가를 발휘하게 되었다.

예수 그리스도 이후 많은 개혁자와 순교자들이 있지만 한명을 뽑는다면 두말 할 것 없이 표지 사진에 나온 마틴 루터일 것이다. 저자는 이를 교회 개혁의 승리자라 하였다. 참으로 맞는 말이다. 또한 칼빈에 이르러 루터의 개혁 정신이 빛을 보았다는 것에도 동의하는 바이다.

하지만 그 이전 수 많은 개혁자들의 흔적을 따라 유럽을 여행하며 사진을 찍고 글을 쓴 저자의 열정에 대해 격려해 마지 않는다. 저자는 단순히 개혁자들을 나열한 것에 그치지 않고 그들의 개혁에 대한 열정을 통해 오늘의 한국교회에 도전을 하고 있다. 이 또한 이 책을 강력히 추천하는 이유이다.

Midwest University 교수, 목양서원 대표
주성호 목사

프롤로그 Prologue

유혹과 핍박에서 종교개혁으로

믿음없는 자가 되지 말고 믿는 자가 되라(요한복음 20:27)

하나님은 우리의 피난처시요 힘이시니 환란중에 만날 큰 도움이시라.
그러므로 땅이 변하든지 산이 흔들려 바다 가운데 빠지든지
바닷물이 흉용하고 뛰놀든지 그것이 넘침으로 산이 요동 할찌라도
우리는 두려워 아니하리로다(셀라)
-시편 46:1~3

God is our refuge and strength, a very present help in trouble.
Therefore will not we fear, though the earth be removed,
and though the mountains be carried
into the midst of the sear swelling thereof. Selah
- Psalms 46:1-3

개혁자의 흔적을 찾는 자랑스러운 배신자背信者betrayer

  몇 해 전, 사도 바울의 발길을 찾아 순례하던 중에 이고니온Konya 어느 골목에 종탑이 솟아 있는 건물이 있어 들어가 보니 동방 정교회였다. 잠시 후 검은 두루마기를 입은 자가 어두컴컴한 교회당에 들어와 "당신들은 누구냐?" 하고 물어, 우리들은 목사인데 교회가 있어 허락도 없이 들어왔다고 하며 죄송함을 표했다. 그런데 갑자기 "배신자" 하며 나가라고 박대를 한다. 나는 돌아서면서 내가 참으로 배신자인가 생각했다. 한참 돌이켜 생각해보니, 그래 '나는 참으로 자랑스럽고 아름다운 배신자'가 맞다.

  그 후 그가 말한 배신자들의 숨결과 발자취를 찾아 순례하기 위해 몇 해 동안 가슴에 품고 기도해 왔다. 그러던 2015년 독일 통일 25주년을 축하하는 포럼과 세미나에 참가하게 되었다. 그때 독일에서는 마르틴 루터의 종교개혁 500주년(1517. 10. 31)을 기념하기 위해 지방마다 최선을 다하고 있음을 보았다. 포럼을 마치고 체코의 프라하에서 얀 후스의 개혁과 순교의 현장을 순례하면서 받았던 깊은 감동으로 인해 나는 다시 개혁자들의 도전과 열정의 현장을 순례할 계획을 세웠다. 그래서 순교자들의 흔적을 안내 할 동행자를 위해 간절히 기도하던 중에 기적적으로 내가 출판했던 〈바울의 길 나의 길〉을 읽은 독일의 이창배 선교사와 연결이 되었다. 그와 함께 1년 가까이 자료를 참고해 가며 본격적인 배신자들의 흔적을 찾는 모든 준비를 마쳤다. 무엇보다 이 선교사의 순례 계획에 성령의 도우심이 있었음은 전혀 의심할 여지가 없다.

  개혁자들의 도전과 열정을 찾는 순례의 길! 그 길에서 만난, 복음의 소식을 누구나 자국어로 직접 읽을 수 있게 하였던 위클리프, 틴데일, 얀 후스, 사보나롤라 그리고 토마스 크랜머 등은 화형으로 순교 당했기 때문에 그들에 대한 흔적은 오직 기념비 뿐이었다. 그러나 생명의 말씀을 전하고 복음적 신앙을 지켜 왔던 왈도나 마르틴 루터, 잔 낙스, 진젠돌프, 존 번연, 츠빙글리, 존 칼빈 그리고 요한 웨슬리가 남긴 흔적은 전 유럽과 바다 건너 영국, 스코틀랜드까지 산재해 있다.

빌라도의 고백

  로마Rome가 유대를 통치하던 AD 33년, 예수Jesus가 하나님의 아들이며 유대인의 왕이란 소문이 유대에서 사마리아까지 퍼지자, 예루살렘에서는 공회와 관료들이 예수의 소문을 듣고 술렁거리다 예수를 제거하기로 결의했다. 사실 그 소문은 동방에서 찾아온 박사들(마2: 1-6)과 양치던 목자들(눅2: 1-20)에게서 흘러나온 것이다.

  그때 예수의 열두 제자 중 하나인 유다Judas가 예수를 배반하고, 대제사장들과 백성들에게서 파송된 큰 무리와 함께 예수를 체포하는 일에 앞장섰다. 그날 밤 검과 뭉치를 든 무리는 예수를

체포하여 먼저 대제사장 가야바Caiaphas에게로 끌고 갔다. 그때 서기관과 장로들이 모여있어 예수의 얼굴에 침 뱉으며, 주먹으로 치고, 손바닥으로 때리며 밤새워 온갖 치욕과 희롱을 하였다.

날이 밝아오자 공회의 관원들은 예수를 죽이려고 그를 결박하여 빌라도Pilate (유대, 사마리아, 이두메를 다스린 제5대 로마 총독)에게 넘겨주었고, 백성들에게는 예수를 십자가에 못 박도록 선동하며 소란케 했다.

총독이 결박되어 끌려온 예수에게 "네가 유대인의 왕이냐" 하고 묻자 예수께서 "네 말이 옳도다" 하시고 다른 어떤 말씀도 하지 않으셨다. 빌라도는 예수를 죽일만한 다른 죄목을 얻지 못했으나 백성들의 소란과 폭동이 두려워 결국 예수를 십자가에 못 박도록 내어 주었다.(마태 27장, 마가 15장, 누가 27장, 요한복음 18장)

그 후 빌라도는 예루살렘의 소요 사태에 관한 자세한 내용을 로마 황제에게 친필로 보고했다. 그 문서가 바로 '빌라도의 보고서'이다. 그 기록에 의하면, 빌라도는 예수와 눈길이 마주

디오데 기념교회 / 릭스드라Killistra · 터키

친 순간 소름이 돋는 느낌에 온몸이 굳어져 한 발자국 떼기가 심히 어려웠다는 것이다. 또한 세상에 나도는 소문처럼 그는 유대인의 왕 같았고, 하나님의 아들 같았다고 했다. 그러나 동족 유대인의 송사를 이기지 못해 결국 예수를 내주었다고 했다. 또한 소문에는 예수가 죽은 지 사흘 만에 다시 살아났으며 그의 제자들에게 나타나 먹고 마시며 그 몸을 만지게도 하였고 며칠 후 수많은 사람들이 모인 앞에서 승천昇天 하였다는 것이다.

어둠에서 빛으로 그리고 다시,

당시 로마제국이 태양신Jupiter과 이방 민족의 신들을 섬기고 있을 때 복음이 로마에 전파되고 믿는 자의 수가 점차 늘어나고 있었다. 그러자 공회와 관료들은 예수 믿는 자들을 찾아, 생명과

콘스탄티누스 황제의 개선문 / 로마

자유를 보장받는 로마의 신神들을 믿도록 공갈과 협박으로 회유했으며 경우에 따라 남녀노소를 가리지 않고 무자비한 살생도 주저하지 않았다. 그러나 이에 불복한 성도들은 생명의 위험을 무릅쓰고 오직 복음만을 지키고 전하기 위해 칠흑 같이 어두운 카타콤이나 깊은 산속 동굴로 숨어 들어 300여 년 동안 각종 어려움과 고통을 겪으면서도 믿음을 지켜왔다.

AD 312년 콘스탄티누스가 로마 제국의 새로운 황제가 되자 AD 313년, 모든 로마인들에게 기독교를 로마인의 한 종교로 공인한다는 밀라노Milano 칙령을 선포하였다. 그로 인해 기독교가 로마인의 한 종교로 인정받게 되자 어둠 속에 묻혀 살던 성도들이 드디어 밝은 세상으로 나올 수 있었으며 그토록 갈망했던 신앙의 자유 또한 얻게 되었다. 더불어 기독교로 개종한 사람들은 사업상의 각종 특혜와 보호를 보장받게 됐다. 이 때문에 이방 신을 섬겼던 사람들도 기독교로 개종하는 일이 많았다. 그 때문에 교회는 부흥됐다고 하나 인간적이며 복음 없는 교회로 변질하여 갔다. 그 중에서도 몇몇 신실한 성도들은 정치적, 경제적 특혜보다 오직 복음만을 지키려 했다.

저 불길 속에서도 복음은 복음이었다

신성 로마 제국의 황제 하인리히Heinrich 4세(1077. 1. 28)는 교황 그레고리 7세의 파문장破文章을 받고 카노사Canossa에 머물던 교황에게 찾아가 파문 철회를 요청하기 위하여 무릎을 꿇었다. 그토록 철저히 외면당하던 황제는 교황 그레고리의 선처로 어렵사리 복위되었으나 황제를 굴복시켰던 교황은 정치와 교회에 있어 이전보다 더욱 절대자絶對者의 존재存在로 군림하게 되었다. 이로 인해 교황의 치세와 교리는 무소불위의 진리가 되었고 그가 바라는 모든 것은 거부할 수 없는 명령이 되었다. 그러므로 누구도 교황을 비판하거나 비방할 수 없게 되었으며 생명의 말씀(라틴어 성경)인 성경 마저도 읽을 수 없도록 금지되었다.

  그러나 백성 중에는 로마교회의 제도나 교황의 권위에 무조건 복종하는 것보다 오히려 불만이나 적대감을 품었다는 자들도 적지 않았다. 그러자 로마교회는 이들을 색출 제거하기 위하여 정보나 밀고密告를 얻어 종교재판을 받도록 했다. 그럼에도 불구하고 불복하는 자들은 마녀사냥이나 배신자란 낙인을 찍어 협박과 공갈을 더 했다. 또한 복음만을 지키고 전하려 하는 자들을 이단자로 몰아 모든 재산과 제물을 몰수하고 이름 없이, 흔적도 없이 화형으로 처형하거나 타지他地로 추방해 버렸다.

  그와 더불어 로마교회는 복음을 빙자한 다문화 다민족 종교로 더욱 변질하여 타락해 갔다. 그토록 어둡고 암울한 시기에 오직 복음을 위해 목숨까지 버려야 했던 순교자들의 수는 이루 헤아릴 수가 없다. 마침내 날이 새고 해가 갈수록 로마교회에 대한 개혁자들의 도전과 열정은 유럽 각처에서 들풀처럼 일어나고 있었다.

종교개혁으로 꽃 핀 교회(회중)음악

  가톨릭교회의 미사는 사제만 주관을 할 수 있었다. 성경해석이나 미사 때에 드려지던 찬송도 역시 전문적인 소수의 전유물이었다. 하지만 종교개혁으로 인해 교회음악 즉 회중음악이 발전해 믿는자 누구나 찬양을 할 수 있게 되면서 개혁신앙은 더욱 불타올랐다.

  음악의 아버지라 불리운 바흐의 마지막 숨결이 멈춘 토마스교회를 순례한 것은 은혜중의 은혜였다. 또한 한국 교회음악의 아버지라 존경받는 박재훈 박사의 작품과 생애를 기록하게 된 것 역시 한국교회를 위한 하나님의 계획된 선물이라 확실히 믿고있다.

    호흡이 있는 자마다 여호와를 찬양할지어다 할렐루야(시 150:6)

바티칸 / 로마

동행자의 글

여정에 동행한 이창배 목사의 고백

    2015년 9월, 베를린의 한 집회에서 이백호 목사님을 처음 만난 자리가 지금도 생생하게 기억이 난다. 마침 이 집회를 주관한 지인 목사님의 소개로 인사를 하게 되었는데 이목사님은 첫 대면임에도 불구하고 매우 친절하게 그리고 적극적으로 당신의 사역에 대한 소개와 함께 유럽의 종교개혁과 순교자 탐방을 준비 중이라며 그 일을 도와줄 수 있겠느냐고 제의를 하셨다.

    본래 선교지 여행이라면 마다하지 않던 필자에게 이 제안은 뜻밖이면서도, 마침 이런 여행을 해보고자 마음을 먹고 있어서 선뜻 그러자고 약속을 하게 되었다. 그리고 그 자리에서 헤어져 이백호 목사님은 미국으로, 필자는 사역지인 독일의 다름슈타트로 돌아왔다.

    그리고 얼마 후부터 이 목사님은 미국에서 이 여행을 위한 구체적인 준비를 해달라고 보채기 시작했다. 연말과 연초에는 누군들 바쁘지 않겠는가! 이런저런 이유로 여행 일정을 고민하는 중에 나름대로의 계획을 세우게 됐고, 유럽 날씨로는 4월 초 아직 겨울의 기온이 채 가시지 않은 차가운 날씨 가운데 선교여행이 시작되었다.

    그때 나는 이백호 목사님의 개인적인 상황에 대해서 잘 알지도 못했고, 그나마 대략은 직접적으로 본인의 입을 통해서, 심장 및 신장 부분에 특별한 건강관리를 해야만 된다는 사정을 알았지만, 여행 중 자동차로 이동하면서도 지속해서 관리를 요한다는 정도는 몰랐다. 그러다 보니 처음부터 끝까지 근 10일, 7천 Km에 달하는 거리를 거의 쉴 틈 없이 운전하면서, 독일, 벨기에, 영국, 스코틀랜드, 프랑스, 스위스, 이태리를 거쳐서 돌아오게 되는 어마어마한 투어를 하게 되었다.

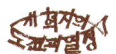

그리고 이 목사님을 미국에 환송하고 집에 돌아온 다음 날 아침에 나는 완전상태로 면역력 넉다운이라는 사태를 맞이했다. 아마도 일정 가운데 감기 기운이 있었는데, 하루 근 7~8백 Km를 이동해야 하는 책임감 때문이라서 그런지 몸을 제대로 돌보지 못했던 결과이기도 하다. 침대에서 일어나 다섯 걸음을 채 걷지도 못하고 헉헉 숨이 막혀 쓰러져야 했고, 이후로 병원을 오가며 거의 생사를 넘나드는 싸움을 2년여에 걸쳐서 하게 됐으니 이것도 참 뭐라 표현할 수 없는 특별한 인연이었다. 하지만 이때 이백호 목사님을 만나서 함께 보낸 이 일정에서 다른 그 어떤 것으로 바꿀 수 없는 소중한 영적 체험을 했음을 고백한다. 오히려 그 일이 감사하다. 십자가 복음을 위해, 다른 어떤 가치로 바꿀 수 없는 진리를 위해 생명을 바친 수많은 믿음의 선진들을 그 현장에서 보고, 기록하고, 자료로 모을 수 있었던 것은 필자의 평생에 다시 올 수 없는, 결코 지울 수 없는 생생한 영성의 수업이자, 순례가 되었기 때문이다. 그래서 후회가 없다.

또한 이 엄청난 도전을 순수한 믿음으로, 누구도 따를 수 없는 열정으로 뚜벅뚜벅 추진한 이백호 목사님의 억척스러운 여정에 작은 보탬이라도 일조할 수 있었음이 진정 감사하다. 이 귀한 역사와 현장의 기록을 통해 오늘 코로나19 팬데믹으로 초래된 언택트와 뉴노멀로 교회와 성도의 믿음이 속절없이 흔들리고, 무너지는 이 때에 정말로 필요한 도전을 줄 수 있다고 믿는다. 온고지신이란 말처럼, 과거의 뼈저리도록 아팠던 순교자들의 신앙과 믿음을 되새겨주고, 참된 진리와 복음의 온전함을 타협하지 않고 죽음으로 지켜낸 선진들의 삶과 죽음의 역사를 오늘에 되살려주는 불쏘시개의 역할 또한 기대한다. 이 책의 출판을 위해 음으로 양으로 수고해 주신 이백호 목사님의 가족과 모든 분들에게도 심심한 감사를 드린다.

코디아미션(KODIA Mission) 대표, 유럽크리스챤신문(EKCNews.com) 발행인
이창배 목사 드림

CONTENTS

- 화보 P6~P54
- 추천사 김진홍 목사 P55
           주성호 목사 P56
- 프롤로그 유혹과 핍박에서 종교개혁으로 P57
- 동행자의 글 여정에 동행하는 이창배 목사의 고백 P66
- 개혁의 뿌리에서 싹 트는 순교자 P71
- 피터 왈도 Peter Waldo(1141-1217) 재물을 팔아 가난과 고난을 얻은 사람 P77
- 얀 후스 Jan Hus(1436-1415. 7. 6) 진리의 가치는 생명보다 귀하다 P91
- 잔 위클리프 John Wycliffe(1320-1384) 성경 번역의 선구자 P117
- 윌리엄 틴데일 William Tyndale(1484-1536)
           불태워진 위클리프 성경을 되살린 영국의 개혁자 P121
- 존 웨슬리 John Wesley(1703. 6. 28-1791. 3. 2) 세계는 나의 교구다 P129
- 무너져 가는 영국교회 죠지 밀러 & 감리교 최초의 예배당 뉴룸 P139
- 이슬비에 젖은 묘비들 P157
- 잔 낙스의 도전과 열정의 현장 앤드류 성 P167
- 웨슬리의 생가를 찾아서 P183
- 토마스 크랜머 Thomas Cranmer(1489 - 1556) 그는 참으로 하나님의 아들이었다 P195
- 구원의 길을 찾는 순례자 웨슬리 & 존 번연 P205
- 칼레의 시민과 지옥의 문 덤으로 순례하는 특별한 배려 P213

- 지롤라모 사보나롤라 Girolamo Savonarola(1452. 9. 21 - 1498. 5. 23)
  피렌체의 시민운동가 **P223**
- 존 칼빈 Jean Calvin (1509. 7. 10 - 1564. 5. 27) **P241**
- 울리히 츠빙글리 Ulrich Zwingli(1481-1531) 스위스의 종교개혁자 **P251**
- 마르틴 루터 Martin Luther (1484. 11. 10 - 1546. 2. 18) 교회개혁의 승리자 **P263**
- 루터의 흔적이 숨 쉬고 있는 비텐베르크 **P275**
- 하이델베르크 논쟁 **P293**
- 제국회의가 열린 보름스 내 주는 강한 성이요 방패와 병기 되시니 **P299**
- 독일어 성경이 탄생한 바르트부르크에 오르다 **P307**
- 헤른후트의 영주 진젠돌프 Nicholas Ludwig Von Zinzendor(1700-1760)
  세계선교의 요람 **P321**
- 독일의 개혁 교회들 **P329**
  - 성 니콜라이교회 St.Nikolaikirche
  - 카이저 빌헬름 교회 Kaiser Wilhelm Gesllschaft
  - 프라우엔 교회 Frauenkirche
  - 토마스 교회 Thomaskirche
- 회중 음악의 선구자들 **P351**
  - 바흐 J.S. BACH(1685-1750.7.28) 찬트에서 회중(교회)음악으로의 개혁
  - 헨델 GEORGE FREDRIC HANDEL(1685.2.23 - 1759.4.14)
  - 작곡가 박재훈 목사(1922.11.4 ~) 개혁자와 순교자들의 열매

〈부록〉

- 무너진 장벽의 회상 P365
- 상수시 궁전 Sanssouci Palace P371
- 츠빙거 궁전 Zwinger Palace P379
- 편집 후기 P388
- 축하와 격려의 말씀 P391

    시인. 계간 하나로 선 사상과 문학 발행인 박영률 목사
    The Unreached Ministries Int'l Director 성 철목사
    World Evangelical Crusade(WEC) 대표 김현국 목사
    한국과학기술정보연구원 기술사 정갑택
    에스더 기도운동 에스더 윤 선교사
    시애틀 베다니 교회 최창효 목사
    애틀란타 새 언약교회 최선준 목사
    북미주 한인 CBMC 총 연합회 증경회장 김기일 장로
    청주 서남교회 이종원 집사
    오렌지 카운티 원로목사회 회장 고원필 목사
    발보아 한의원 원장 오정국
    제자 장경희 권사

- 에필로그 만남에서 동행으로 P407

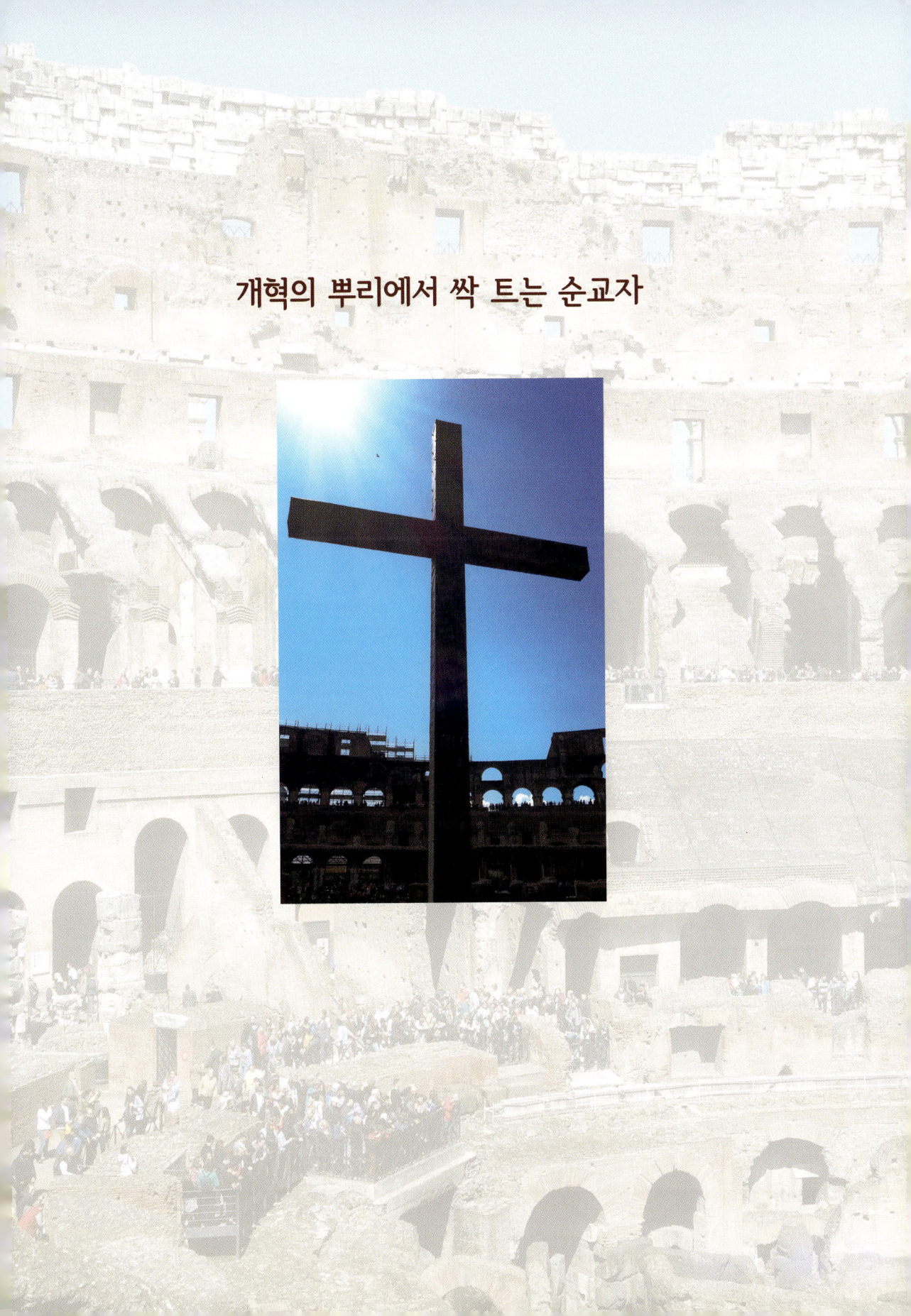

개혁의 뿌리에서 싹 트는 순교자

콘스탄티누스 황제의 칙령으로 공인된 기독교는 로마교회의 비리와 충돌했으나 로마 교회를 배신하거나 적대감을 드러낼 수는 없었다. 이러한 시기에 신앙적 양심으로 괴로워했던 교회의 몇몇 지도자들이 교황과 로마 교회의 변혁을 주장 했던 사건을 종교개혁이라고 말한다. 그러나 유일적 신앙을 추구했던 개혁이었기에 교회개혁이라 하면 더 성경적인 의미가 있다고 여겨진다.

지중해를 장악한 대제국 로마는 세계에서 가장 작은 나라 바티칸 시국을 품에 안고 있었으나 가톨릭교회의 수장인 교황의 권위와 통치에서 결코 자유롭지 못했다. 한편 바티칸 시국의 시스티나 성당 벽화壁畫를 보기 위하여 수많은 사람들이 몰려들어 바티칸 재정이 넉넉해졌다.

그때 피렌체 메디치 가문의 족장 로렌초Lorenzo의 차남 메디치는 부친의 재력으로 17세에 추기경樞機卿이 되었으나 라벤나Ravenna 전투(1512)에 참전하여 적의 포로가 되었다. 이후 풀려나 율리오 II세의 뒤를 이어 가톨릭의 217대 교황으로 선출되었다. 그가 바로 레오Leo 10세다(재위 1513-1521년). 그런데 교황 레오는 애굽이나 그리스의 고대 문명의 유물들을 사들여 학예와 미술을 장려하였을 뿐만 아니라 각종 호화스러운 취미 생활로 바티칸 재정을 낭비하고 말았다.

급기야 교황은 그 재정을 채우기 위해 성 베드로 대 성당을 단장丹粧하겠다는 명목으로 면죄부免罪符를 팔아 재정을 채워 나갔으며, 또한 몇몇 사제들은 면죄권 마저 지역 사제들에게 팔아

지중해를 장악한 로마 제국의 영토

베드로 성당

조각상으로 가득찬 시스티나 성당으로 가는 복도

넘기기도 했다. 그로 인하여 일만 악의 뿌리(딤전6:10)인 맘모니즘이 교회에 들어와 말씀의 권위와 진리가 추락되었고 교회는 점점 타락의 늪으로 빠져들었다.

바로 이것이 종교개혁의 이유와 불씨가 되었다. 시간이 점차 흐르자 순진한 백성들과 성도들은 가톨릭교회나 교황에 대한 믿음 대신 의심과 불만이 생겨나기 시작했다. 그러자 가톨릭교회가 교황에 대한 오해가 있다는 자들을 색출하고, 고발을 받아 무자비하게 처형하였으나 개혁의 의지는 무엇으로도 막을 수 없었다. 더욱이 성경 말씀이 개인적 신앙에 뿌리를 내리면서 불의에 대한 도전과 열정은 죽음을 두렵지 않게 했다. 결국 로마교회에 대한 개혁 운동은 수 세기 동안 이어졌다.

바로 그 개혁을 주도했던 자들은 '진리의 말씀을 지키고 전하자.' 라는 신앙의 도전으로 그 어떤 형벌도 죽음도 무서워 하거나 두려워 하지 않았다. 그들, 그 순교자들의 흔적을 찾아 기록하는 것 역시 주께서 나에게 부탁하신 마지막 지상명령이라 생각하니 아무리 힘들고 어렵다 해도 이 순례의 길을 찾는 즐거움이 가는 세월을 멈추게 한다. 하지만 시대별로 정리하는 것이 쉽지 않아 우선 인물별로 순교자의 흔적을 기록하기로 하고 먼저 왈도에 대한 흔적을 찾아 기록하였다.

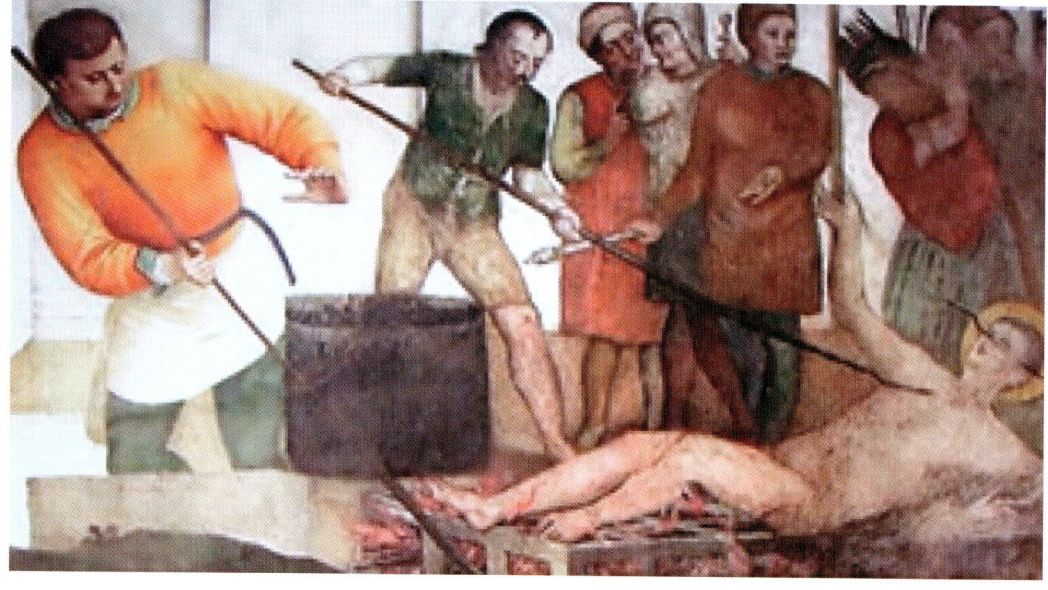

피터 왈도

Peter Waldo(1141-1217)
재물을 팔아 가난과 고난을 얻은 사람

오랫동안 왈도의 흔적을 찾았으나 확실한 정보가 없었다. 마지못해 독일에서 사역하는 이창배 선교사에게 왈도나 왈덴스 교회를 순례하고 싶다는 뜻을 전했다. 며칠 후 왈도의 복음적 기지인 알프스의 깊은 산골 마을, 왈덴스버그Wandencberg로 가는 길을 알려왔다.

알프스의 아름다운 전원마을

그곳을 순례하기 위해 밤늦게 도착한 취리히에서 숙박한 후 국경을 넘어 알프스 계곡에 흐르는 물길을 따라 피에르 몬트Pierre Monte 골짜기의 왈덴스버그로 향했다.

국도를 따라가는 길. 오른편에 알프스의 설봉이 끊임없이 이어진다. 산 아래 푸른 초장과 아늑한 산골 마을이 알프스의 넓은 품에 안겨 평화롭다.

한참이나 달리다가 정오를 지난 후, 드디어 왈덴스버그에 도착했다. 무엇이든 먹어야 하는데 워낙 산골이라 먹을만한 곳이 없다. 사방을 두리번거리다 산 아래 종탑이 보여 어쩌면 그곳에 가면 무엇이든 먹을 것이 있지 않을까 해서 그쪽으로 향했다.

잘 정리된 마을 길에 들어서니 순례자를 안내하는 표지판이 먼저 활짝 나를 반긴다. 아! 여기에 바로 왈덴스 형제들의 요람이며 기도처가 있었던 것이 분명한 것 같다. 잠시 마을을 둘러보고 산길로 들어섰다. 한낮인데도 지나가는 사람이나 그 어떤 인적도 느낄 수 없는 고요한 산골이다. 다만 이름 모를 산새들의 노랫소리만 끝없이 이어진다. 그래서 그랬을까, 그때의 왈도는 이토록 은밀하고 조용한 곳이기에 복음의 기지를 만들고 제자들과 함께 빛으로 가는 길을 예비했나 보다.

수 세기가 지난 오늘 이 시간, 희미한 기록으로만 새겨진 왈덴스 형제들의 피난처와 안식처를 하염없이 바라보는 이 마음, 속절없이 숙연해진다. 그래도 설레는 마음으로 이 골목 저 골목을 다녀 봐도, 종탑만 보이지 구멍가게나 식당 같은 것이 전혀 없는 산골마을이다.

본래 이태리Italy 사람이었던 왈도Waldo는 프랑스 리용Lyon으로 이주한 후, 사업으로 크게 성공한 상인으로 알려졌다. 그러나 그는 부와 재물을 축적하기보다 가난하고 병든 자들의 이웃이 되어 그들을 돌보는 일에 주력했던 청빈한 사람으로 더욱 인정받고 있었다. 그뿐만 아니라 그

왈도파 형제들이 머물던 곳!
순례의 길을 밝혀주는 이정표가 반긴다

는 사제도 아닌 일반 성도로써 성경을 즐겨 읽고 말씀대로 실천하며 오직 하나님만 섬기며 살아야 한다는 믿음의 사람이었다. 더불어 교회의 사제들 대부분이 사리사욕에 빠져 세속화 되어가는 것을 보고 "이는 사탄의 제도에 걸린 우상 집단이며 거짓교회"라고 로마 교회를 맹렬히 비난하는 것도 주저하지 않았다.

그 일로 말미암아 교황 알렉산더 3세는(재위 기간 1159 - 1181, 제170대) 종교재판을 열고 왈도를 '교회의 이단자異端者'라고 선포하며 핍박하기 시작했다. 그러자 그는 사도 바울의 신앙을 본받아 그가 가진 모든 재물과 재산을 아낌없이 가난한 자와 이웃들에게 나누어주고 자신은 가난과 청빈한 삶을 살기로 자처하고 오직 복음 전파의 길로 나섰다.

그와 동시에 이태리 밀란에서 그를 따르는 자들이 날로 늘어나자, 로마교회의 사제들은 왈도의 추종자들에게 터무니없는 죄명을 씌워 배신자란 낙인을 찍고, 그들의 재산을 몰수하거나 가혹한 핍박으로 그들의 삶을 초토화 시켰다.

심지어 핍박을 견디지 못해 사망한 자들에게는 그 땅에 장례 지내는 것까지도 허락하지 아니하였다. 더불어 그토록 혹독한 역경을 이겨낸 자들을 개들의 먹이가 되게 했고 화형으로 협박하며 로마교회에 굴복시키려 했다. 그러나 이에 불복한 왈도와 몇몇 형제들은 결국 국경을 넘어 알프스 깊은 산골로 들어가 거처를 짓고 기도하며 전도자들을 양성하기 시작했다.

이 순교의 사건을, 존 팍스Jhon Foxe는 이렇게 기록하고 있다.

> 그간 수많은 박해를 피해 숨어든 왈도파 형제들은 이 산골에서 2–300년 동안 농장을 개척하고 안식처를 만들어 제자들을 양육하며 복음을 전해왔다. 세월이 흘러 새로운 로마 교황 바오르 3세(1534)는 특사를 보내 "로마교회로 즉시 돌아와 승복하지 아니하면 또다시 가혹한 핍박과 살해를 면치 못할 것이다."라는 경고를 보내왔다. 그러나 왈도파 형제들은 "어떠한 세력도 우리를 우리의 신앙에서 떠나게 할 수 없다. 우리는 우리의 가장 좋은 친구들이 가장 사악한 원수의 손에 넘어가도록 절대 동의하지 않을 것이다. 우리는 지상을 다스리는 왕보다 오히려 하늘에서 통치하시는 왕의 사인을 더 가치 있게 여긴다. 왜냐하면 우리는 우리의 육체보다 영혼을 더 값있게 여기기 때문이다."라고 답을 보냈다. 그러자 로마 교회는 화가 치밀어 피에르몬트 깊은 산속 골짜기까지 원정대를 파견하고 안식처를 드나들던 성도들을 남녀노소 구분 없이 체포하여 돌로 쳐 죽이고 단칼로 찌르고, 도려내며, 나무에 달고 불태워 처형하였다. 이토록 가혹한 핍박을 피해 여자와 아이들은 계곡 깊은 곳에 있는 어둡고 칙칙한 암굴 속으로 피했다. 그러자 그 뒤를 쫓던 군인들은 암굴 입구에 나뭇가지를 수북이 쌓아 불 질러 일시에 모두 질식 시켜 죽였다. 불길이 사라지자 동굴을 뒤지니 1000여 명의 시체가 발견되었다. 그 시기에 죽은 사람이 무려 3000여 명이나 되었다는 기록이다. 이토록 가혹한 핍박을 300년 동안이나 견디고 당했던 형제들은 결국 각각 흩어지고 말았다. 그러나 그들은 알프스 산길과 계곡을 따라 복음을 들고 땅끝에 이르고 바다를 건넜다.
>
> –위대한 순교자들, 맹용길 옮김

86 *The Defiance and Passion of the Reformers*

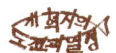

    그 후 왈도의 신앙을 이어받은 제자들은 프랑스, 이탈리아, 스위스 그리고 유럽 각지로 떠돌아다니며 오직 복음만을 전하는 사명을 감당하였다. 그러나 가톨릭교회에서는 그를 따르던 무리를 왈도파Waldenses 라며 조롱하고 비난했다. 그렇지만 개혁의 불씨는 알프스 산지를 넘어 발길이 머문 곳마다 복음의 불씨가 자라서 열매를 맺고 빛을 밝혔다.

    더불어 프랑스와 이태리 개신교에서는 왈도와 왈도파 형제들을 '청빈한 이단자' 혹은 '용감한 이단자' 라고 했으며 교회 역사가들은 '이태리 장로교회의 아버지' 라 기록하였다. 그 후 보헤미아(체코)의 얀 후스와 같은 수많은 개혁자들이 일어나 로마 가톨릭교회의 개혁을 과감히 주장하였다.

환란과 핍박 중에도 성도는 신앙 지켰네 이신앙 생각할때에 기쁨이 충만하도다
옥중에 매인 성도나 양심은 자유 얻었네 우리도 고난받으면 죽어도 영광되도다
성도의 신앙 본받아 원수도 사랑 하겠네 인자한 언어행실로 이신앙 전파하리라
성도의 신앙 따라서 죽도록 충성하겠네

왈덴스 형제들의 안식처와 기도처가 있는 산골짜기

지금 이곳, 뒷산 깊은 계곡 은밀한 곳에 왈덴스 형제들의 안식처와 기도처가 있다고 한다. 그러나 그곳을 순례하려면 하루 이상의 일정이 필요하다. 이러한 정보를 미리 알지 못해 그냥 돌아서려니 아쉽고 안타까운 마음 금할 수 없다. 바로 그때 숲속 계곡 암굴에서 "이봐요 안부도 없이 그냥 내려가실 거요!"라는 소리가 들리는 듯하다. 분명 환청이다. 이어 "당신들은 참으로 행복해요. 주님을 마음껏 찬송할 수 있고 기도 할 수 있으며 마음대로 성경을 읽을 수 있고 어느 곳에서든 예배를 드리고 누구에게든 전도할 수 있잖아요." 하는 소리 없는 소리가 내 가슴을 저리게 한다. 이러한 순간에도 이름 모를 산새들은 내 마음을 아는지 모르는지 끊임없이 지저귄다.

우리 다시 만날 때까지 하나님이 함께 계셔 사망권세 이기도록 지켜 주시기를 바라네 다시 만날 때
다시 만날 때 예수 앞에 만날 때 다시 만날 때 다시 만날 때 그때까지 계심 바라네

얀 후스

Jan Hus(1436 – 1415. 7.6)
진리의 가치는 생명보다 귀하다

독일 통일 25주년을 맞이하여 한국과 미국 그리고 유럽에서 사역하는 복음 사역자들이 함께 한반도 평화통일을 염원하는 축제가 열렸다(베를린/2015. 9. 27). 미국에서 사역하던 나 또한 초청을 받아 참석하였다.

축제를 마치고 통일된 독일의 유적지를 탐방하고 종교개혁 500주년을 맞아 루터와 순교자 얀 후스가 남긴 흔적들을 순례하기로 하였다. 먼저 통일 독일을 염원하고 선포했던 브란덴부르크 광장과 포츠담 그리고 드레스덴과 라이프치히를 답사한 후 체코 프라하Praha / Prague로 방향을 잡았다. 프라하에 도착하자 벌써 해가 저물어 가고 바츨라프 광장은 연한 오렌지빛으로 물들어

가고 있었다. 후스의 기념비가 있는 시청 광장(후스 광장)에 이르자 후스 기념비를 중심으로 둘러싸여 있는 건물들은 고풍스러운 향기를 풍기고 길 건너 신시가지의 상가들은 생기와 활력이 넘친다. 서둘러 후스 기념비로 다가갔다. 기념비에는 후스가 콘츠탄츠 감옥에서 보내온 유언과 같은 글이 새겨져 있다.

"진리를 말하고 진리를 사랑하고 진리를 지켜라"
"나의 민족이여 부디 살아남으십시오, 서로 사랑하십시오 또한 모든 이들에게 진리를 알게 하십시오."

바츨라프 광장

역사가 살아 숨쉬는 프라하

프라하 시청 앞 광장에 세워진 얀 후스와 그 추종자들의 순교기념상

얀 후스는 복음과 민족을 사랑하여 복음을 증거하며 사는 것이 생명보다 귀하다는 것을 말하고 있다. 잠시 후 뒤돌아보니 하늘빛은 이미 사라지고 중세를 밝히는 불빛이 광장을 밝히고 있다. 그 사이 수많은 관광객들이 몰려들어 광장을 빈틈없이 채우고 끼리끼리 담소하며 즐기고 있다. 그 틈새를 비켜나가 보헤미안의 예술성과 복음이 담긴 천문시계탑, 틴 성모교회Church of our lady before Tyn 그리고 구 시청사 앞을 지나 볼타바(독일에서는 몰다우Moldau,R) 강변으로 발길을 돌렸다.

후스가 설교했던 틴 성당

너희가 내 말에 거하면 참 내 제자가 되고

진리를 알지니 진리가 너희를 자유케 하리라 (요 8:31-32)

어둠이 깔린 까를교에 모여든 인파는 중세의 아름다운 조각 작품들이 불빛을 받아 반사하는 정교함에 발길이 늦어진다. 볼타바 강은 예나 지금이나 프라하의 중심에 흐르고, 강물에 비친 눈부신 야경과 잔잔히 일렁거리는 물보라는 보헤미안의 예술을 더욱더 화려하게 장식하고 있다. 체코의 작곡가 스메타나Smetana가 조국에 대한 깊은 사랑을 노래한 교향시 '나의 조국' 중 몰다우 Moldau(제2악장)는 이 강변에서 영감을 얻은 듯싶다. 더불어 드보르작Dvorak의 신세계 교향곡 제2

악장의 Going Home 역시 이 강가에서 조국의 화려한 추억과 미래를 꿈꾸었을 것이다. 강 건너 언덕 위의 프라하 성 Prague Castle은 1100년의 역사를 지켜오고 있으며 지금은 대통령의 관저로 사용하고 있다. 불현듯 수많은 무리 중 순교자의 흔적을 찾는 사람은 몇이나 될까? 하는 물음에, 필자는 중세의 화려함보다 얀 후스의 흔적을 따라 프라하를 순례하고 있음에 감사한다.

얀 후스는 위클리프에게 영향을 받았던 보헤미아(체코)의 신학자요 철학자였다. 그는 프라하

야경속에 빛나는 프라하 성과 볼타바 강

의 찰스 대학교를 졸업 하였고 동 대학 인문대 학장과 신학부의 교수로 재직했다. 더불어 33세에 사제 서품을 받고 총장이 됨과 동시에 성 미가엘Kostel sv Michala 교회와 프라하의 베들레헴 교회의 설교자로 봉사했다. 아울러 보헤미아의 문법을 정리하여 체코어로 설교했으며 찬양 역시 체코어로 불렀다. 또한 성경도 라틴어에서 체코어로 번역하여 모든 사람에게 읽을 수 있도록 하였다. 그뿐만 아니라 사제들에겐 그들이 사리사욕에 미혹되어 말씀의 권위를 추락시켰음을 비난했고 교회가 부패하고 타락하여 세속화되었다는 것을 과감히 비판하였다. 그러자 독일인 교수들과 체코인 교수간에 갈등이 생겨났고 교황 알렉산더 5세는 후스의 비판을 철회하도록 명령했으나 후스는 전혀 요동치 않고 그 명령을 단호하게 거절하였다.

교황 요한 23세가(1411년) 후스의 사제직을 박탈해 버리자 후스는 콘스탄츠공의회Konstazer Konzil가 열린다는 소식을 접하고 자신의 주장과 행위를 변명하기 위하여 그 회의에 참석할 것을 결심했다. 그러나 동료 교수들은 가지 말 것을 종용했다. 그때 신성로마제국의 황제 지기스문트가 후스의 신변안전을 보장하겠다며 콘스탄츠 종교회의에 참석 하도록 권유하자 후스는 죽음을 각오하고 콘스탄츠로 떠났다.

프라하에서 독일의 남부 콘스탄츠까지 가는 길은 멀고도 먼 길이다. 산을 넘고 강을 건너야 하는 그 길은 생명을 보장받는 길이 아니요, 오직 주 예수께서 내리신 명령과 사명을 세상에 알리려고 택한 순교의 길이다. 하지만 콘스탄츠공의회에 소환된 후스는 아무 변명도 하지 못하고 오히려 감옥에 갇히고 말았다. 한겨울을 감옥에서 보낸 1415년 7월 6일, 교황 요한 23세가 소집한 각국의 군주, 추기경, 대주교, 그리고 저명한 신학자 등이 모인 현장은 어수선하고 살벌했다.

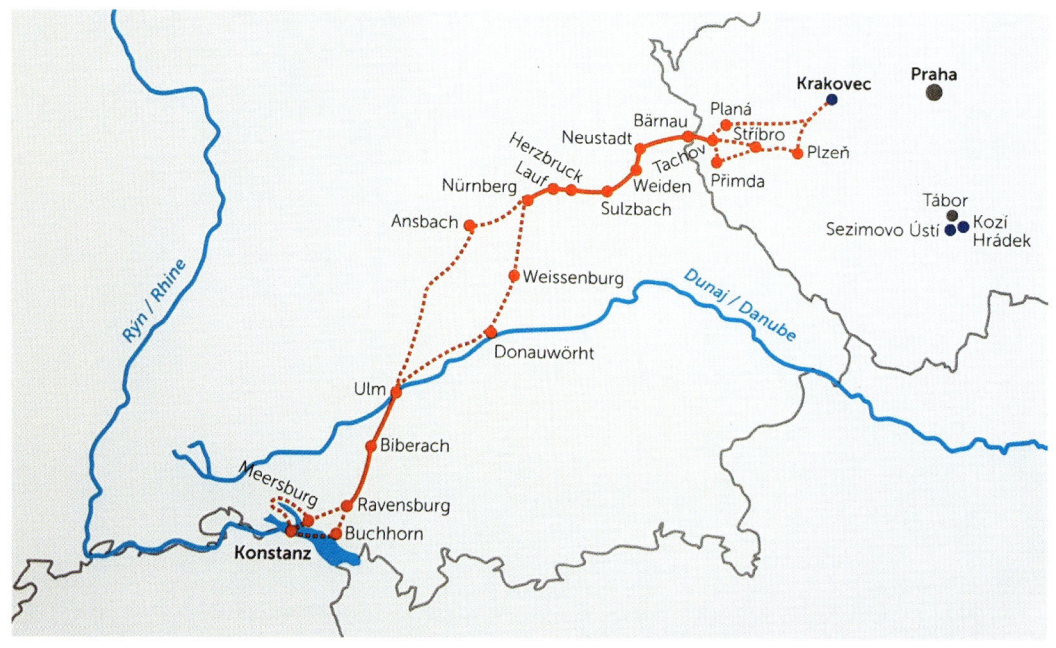

얀 후스가 졸업하고 교수로 재직했던 프라하의 찰스 대학교

호반의 도시 콘스탄츠

후스 기념 돌비 앞에 자리잡은 루터교회

　그 자리에 선 후스는 변명할 기회도 얻지 못하고, 교황은 후스의 사제직을 파면해 버렸다. 그와 동시에 위클리프와 후스를 이단 사상자로 몰아 화형에 처하도록 결의하였다. 회의가 끝나자 가톨릭교회는 후스를 결박하여 많은 무리 사이를 지나 성 밖 화형장으로 끌고 가서 커다란 바위 위 장작더미를 쌓아 놓은 화형대 위에 묶어 세웠다.

후스가 갇혔던 감옥

불타는 기둥에 묶인 후스가 "당신들은 지금 거위 한 마리를 불사르고 있지만 100년 후에는 불태울 수 없는 백조가 나타날 것"이라고 말했다는 일화가 전설처럼 전해지고 있다.

그날 이후 독일의 마르틴 루터가 1517년 10월 31일, 가톨릭교회에 도전하는 95개조에 달하는 반박문을 비텐부르크 성 교회 대문에 못 박았다. 이는 후스의 예언이 있고 난 뒤 102년 후에 이루어진 종교개혁의 열매였다.

후스가 화형으로 처형되었다는 소식이 프라하에 전해지자 그동안 미온적이었던 찰스대학 교수들과 귀족들은 콘스탄츠 공의회가 불공정했다고 주장했다. 오히려 후스 주장이 정당했다는 공감대가 형성되었고 그를 지지한 동지들 역시 후스의 주장에 합세하였다. 동시에 후스의 신앙 사상을 따르는 무리의 수가 날마다 더하게 되니 로마교회에서는 그들을 후스파(Hussites)라 하며 압박하기 시작했다. 그때 후스파의 수장은 얀 젤리브스키Jan Zelivsky 사제였는데 교회의 억압 속에 젤리브스키도 처형당하자 후스파 형제들은 본격적으로 로마교회에 도전하는 반기를 들었다.

그러자 독일 황제 겸 보헤미아 왕인 교황 마르티누스 5세가 그가 용병한 십자군과 자신의 군대 그리고 후스파를 반대하는 시민들과 합세하여 비세흐라드Vysehrad 광장에서 후스파 형제들과 맞붙게 되었다. 후스파 형제들이 열세에 몰림에도 결단코 요동하거나 물러서지 않고 더욱 힘써 대립하자 프라하는 대혼란에 빠지게 되었다. 결국 그 여세를 틈타 후스파 형제들은 있는 힘을 다해 프라하를 장악하였다. 그 전쟁을 '후스전쟁Hussitenkrieg'이라고 한다. 그 전쟁은 1419년에 시작되었고 1434년에 끝났으나 개혁의 여파는 독일을 중심으로 유럽 전역에 퍼져 나갔다. 이에 반해 가톨릭교회의 후스파에 대한 핍박은 300여 년 동안 변함없이 계속되었다.

후스의 교회론에 기록된 것을 요약했다.
1. 교회는 복음적 교회로 개혁해야 함을 촉구하였고,
2. 성직자들의 개인적 소유를 반대했으며
3. 교회 내의 계급화를 반대했고
4. 교회의 머리는 교황이 아니라 오직 예수만이 유일한 머리요 성도는 그의 몸이라 했다.
5. 또한 교회의 권위는 성경 말씀이어야 하며,
6. 예배는 의식이 아니라 설교가 중심이 되어야 하고,
7. 미신적 순례 여행과 면죄부 판매를 비판하였다.

이 교회론이 유럽교회의 개혁 운동에 지대한 영향을 끼치게 되었으며 지금 체코 공화국에서는 후스가 순교한 그 날을 기념하여 7월 6일을 국가 공휴일로 지키고 있다.

오늘날의 콘스탄츠는 독일의 남부 보덴Bodensee 호반에 위치하며 도시는 중세의 역사가 살아 숨 쉬는 전원도시이다. 무엇보다 후스의 흔적이 있는 작고 아담한 박물관과 콘스탄츠공의회가 열렸던 콘스탄츠대성당이 있고 후스가 화형당했던 큰 바위에는 지금도 장작불에 그슬린 흔적이 그대로 남아있다.

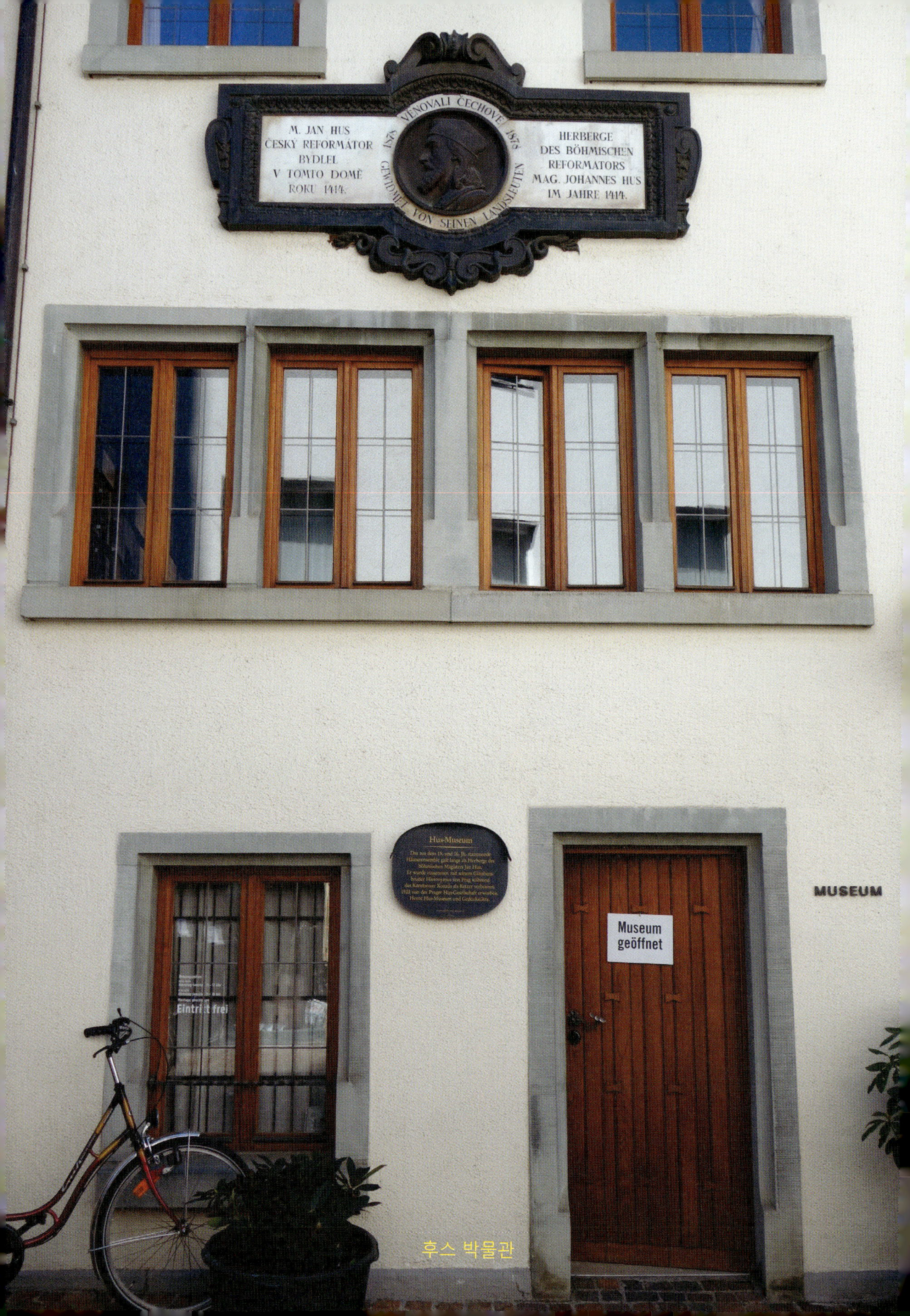
M. JAN HUS
ČESKÝ REFORMÁTOR
BYDLEL
V TOMTO DOMĚ
ROKU 1414.
1878 VĚNOVALI ČECHOVÉ 1878
GEWIDMET VON SEINEN LANDSLEUTEN
HERBERGE
DES BÖHMISCHEN
REFORMATORS
MAG. JOHANNES HUS
IM JAHRE 1414.
Hus-Museum
MUSEUM
Museum
geöffnet

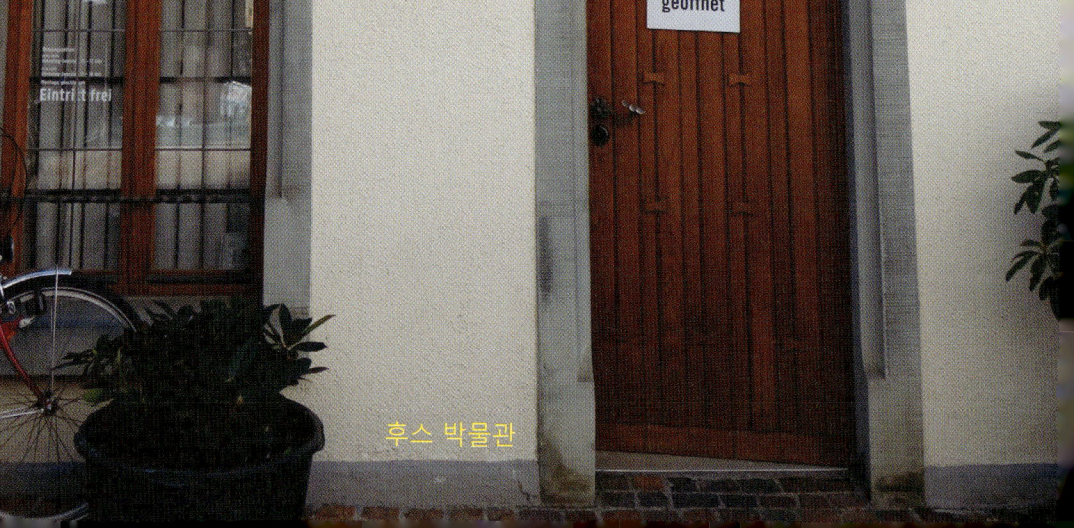

후스 박물관

후스의 박물관

호반의 옛 도시 콘스탄츠에는
중세의 건물들이
수많은 관광객을 불러
모으고 있다.
음악과 춤을 즐겼던
보헤미안을
사랑하는 사람들인가?
하지만 뒷골목에는
아담한 후스 박물관이 있어
나와 같은 순례자를 맞이하여
진리를 위해 목숨을 바친
후스를 추억하게 한다.

복 있는 사람은 악인의 꾀를 좇지 아니하며 죄인의 길에 서지 아니하며
오만한 자의 자리에 앉지 아니하고 오직 여호와의 율법을 즐거워하여
그 율법을 주야로 묵상하는 자로다
저는 시냇가에 심은 나무가 시절을 좇아 과실을 맺으며 그 잎사귀가
마르지 아니함 같으니 그 행사가 다 형통하리로다(시편 1:1~3)

God blesses those people who refuse evil advice and won't follow sinners or join in sneering at God. Instead, the Law of the LORD makes them happy, and they think about it day and night. They are like trees growing beside a stream, trees that produce fruit in season and always have leaves. Those people succeed in everything they do.(Psalms 1:1~3)

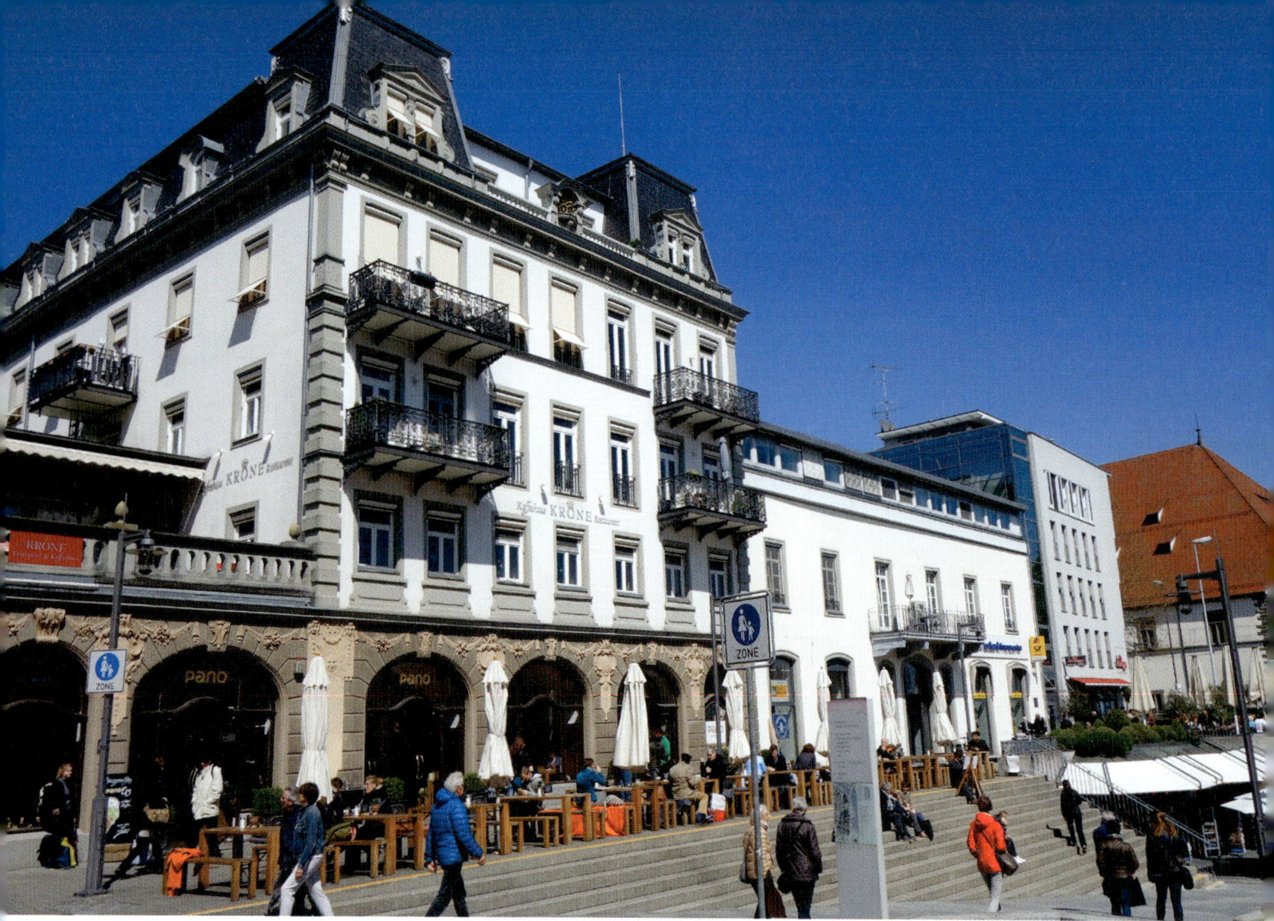
KRONE
pano
pano
ZONE
ZONE

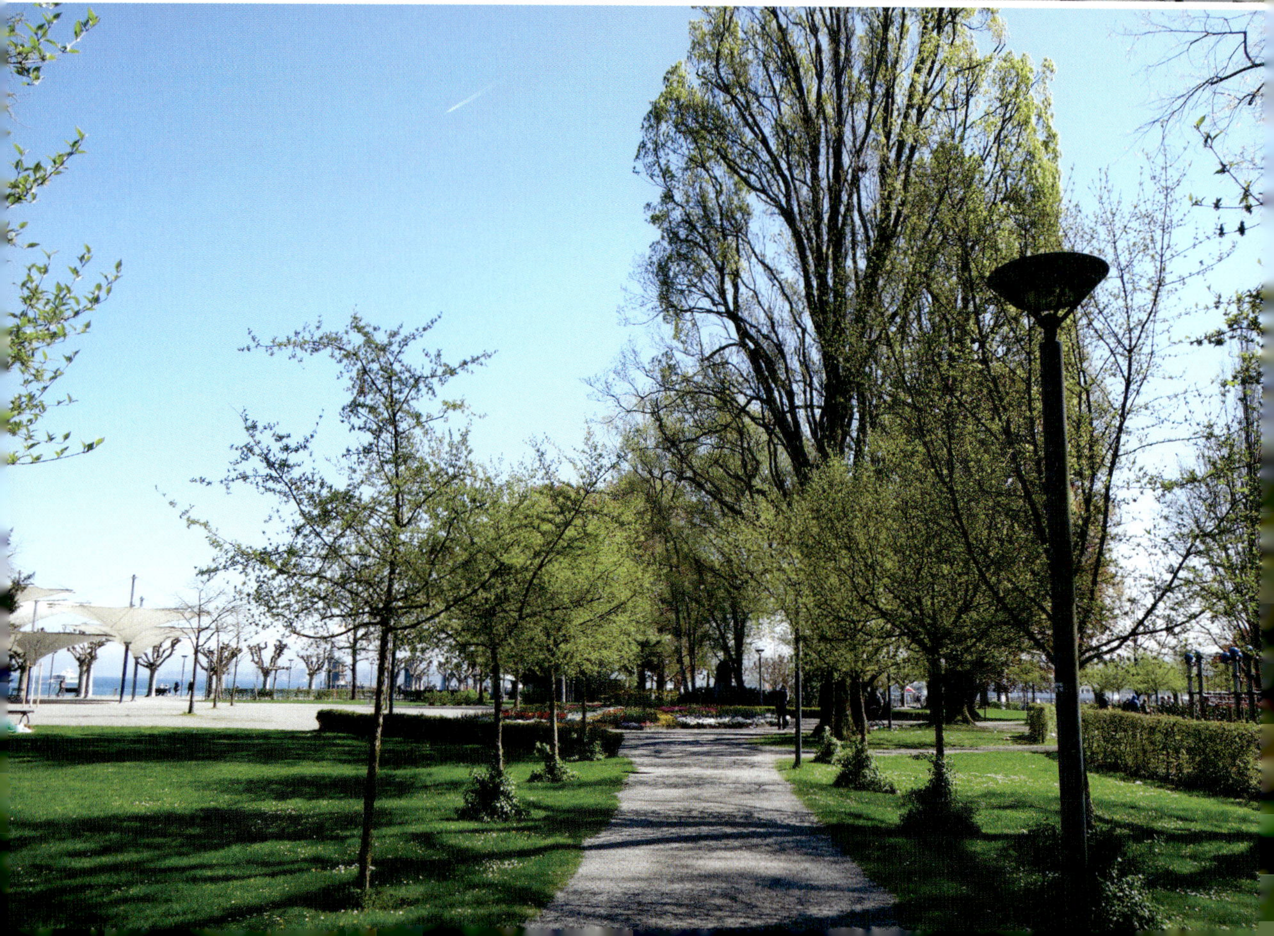

잔 위클리프
John Wycliffe(1320 – 1384)
성경 번역의 선구자

무려 700년 전에 부관참시剖棺斬屍 된 위클리프의 흔적은 옥스포드 도심에 흐르는 강가를 바라보는 것으로 만족할 수밖에 없다. 사실 이곳 옥스포드까지 순례하는 동안 몸이 많이 지쳐 있어 잠시 쉬고 싶은 마음이었으나 시간은 멈추지 않고 계속 흐른다. 오늘 아니면 내일은 기약이 없다. 그래서 사진 몇 컷이라도 담기 위하여 대로를 따라 길을 걷는다. 세계의 명문 대학이 있는 도시 옥스포드에는 중세의 고풍스러운 건물들이 줄지어 있다. 무엇보다 도시는 차량보다 자전거나 걷는 사람들이 많아 더욱더 고풍스럽다. 그 옛길을 따라 천천히 걸어가며 위클리프를 그려본다.

영국 요크셔 지방의 리치몬드에서 출생한 위클리프는 옥스포드 발리올Balliol 대학에서 수학했다. 그가 라틴어에 능통能通한 신학자인 것이 알려지자 발리올 대학에서 그를 교수로 영입했다. 교수가 된 위클리프는 말씀 탐구에 열중하여 몸이 점점 쇠약해 지고 있었다. 반면 가톨릭교회에서는 성직자만이 성경을 읽을 수 있으며 일반 성도들은 성경을 소유할 권리조차 없었다. 그러한 제재와 명령을 어기면 어느 누구라도 화형을 면할 수 없었다. 더구나 성직자들의 사리와 사욕은 눈먼 성도들의 신앙에 상처만 입혔다.

옥스포드

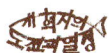

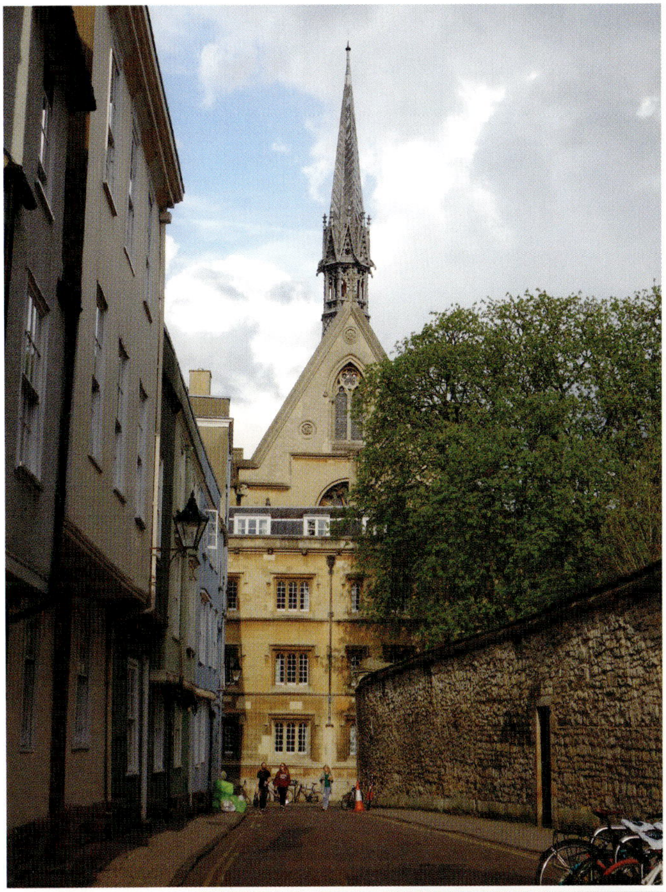

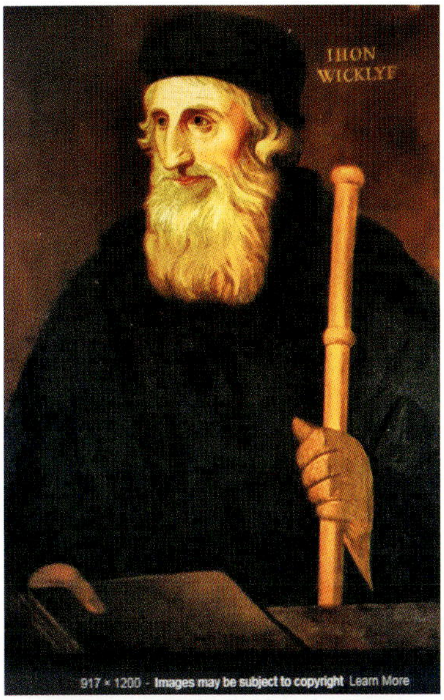
IHON
WICKLYF
917 × 1200 - Images may be subject to copyright Learn More

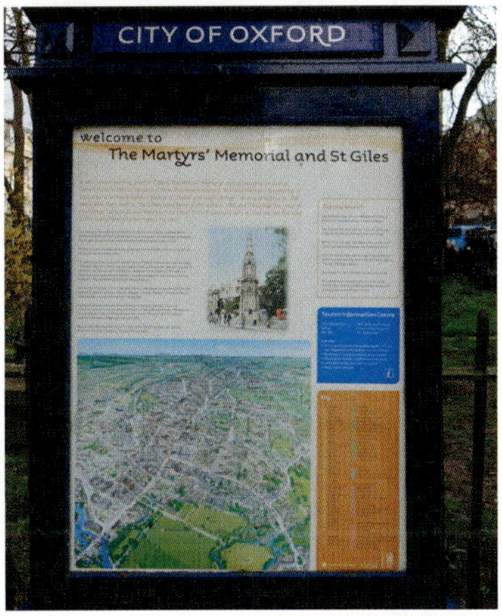
CITY OF OXFORD
welcome to
The Martyrs' Memorial and St Giles

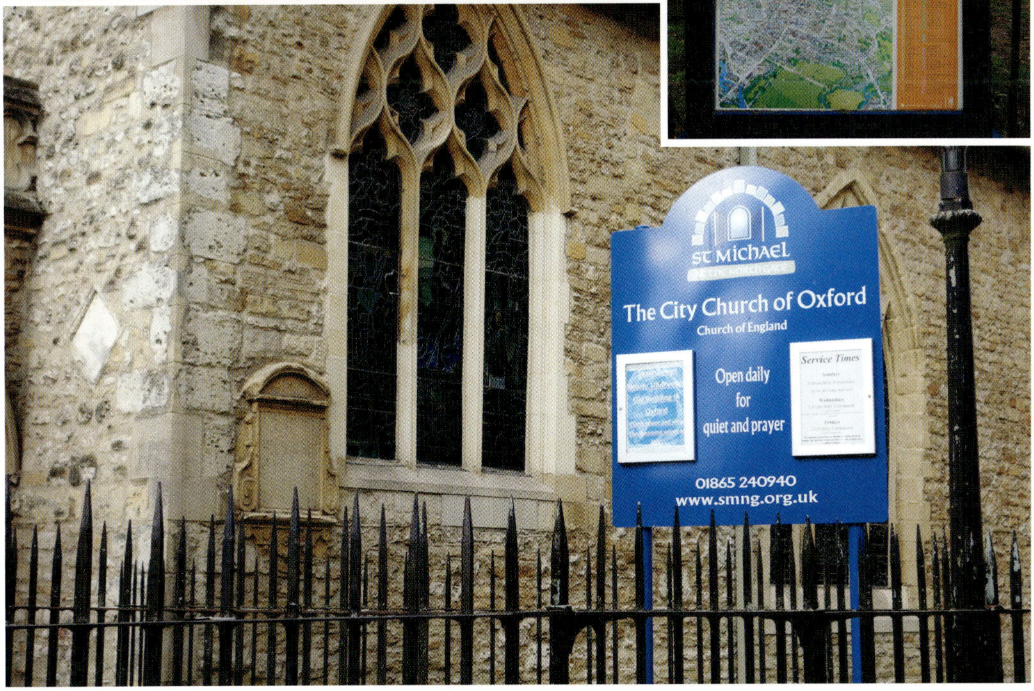
ST MICHAEL
The City Church of Oxford
Church of England
Open daily
for
quiet and prayer
Service Times
01865 240940
www.smng.org.uk

위클리프는 이러한 비행과 악덕을 여과 없이 비판했다. 그뿐만 아니라 그는 누구나 성경을 읽고 진리를 깨달아 알 수 있도록 하기 위해서는 성경을 영어로 번역해야 한다는 각오로, 라틴어를 읽고 이해할 수 있는 몇몇 동료들의 도움을 받아 라틴어 성경을 번역하기 시작했다.

드디어 성경 번역이 끝난 1382년, 영어본 성경이 출판되었다. 그때 발행된 성경이 바로 '위클리프 성경The Wycliffe Bible'이다. 그러나 로마 가톨릭교회는 그 성경을 인정하지 않고 위클리프와 관계되는 모든 자료와 저서들을 불태워 버렸다.

그토록 냉엄冷嚴 했던 시기에도 오직 복음만을 지키고 전하는 일에 몰두하던 위클리프는 1384년 12월 31일 뇌일혈로 쓰러졌다. 그가 사망한지 44년 후, 콘스탄츠 공의회에서는 위클리프를 이단자로 결의하고 백골이 된 유골을 파내어 다시 불 질렀다.

불길은 꺼지고, 한 줌 티끌마저 흐르는 강물에 뿌려 그 흔적까지도 말끔히 지워 버렸다. 그렇지만, 위클리프의 신앙을 이어받았던 롤라드Lollards 형제들에 의한 개혁의 불씨는 열정의 날개를 타고 유럽 각지로 퍼져나갔다.

불길은 꺼지고, 한줌 티끌마저 흐르는 강물에 뿌려 그 흔적까지도 말끔히 지워 버렸다. 흐르는 강물은 이 사연을 알고 있을까?

윌리엄 틴데일
William Tyndale(1484 – 1536)
불태워진 위클리프 성경을 되살린 영국의 개혁자

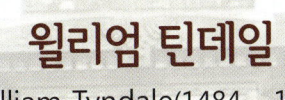

석양을 따라 독일 프랑크푸르트에 도착하니 벌써 어둠이 깊었다. 이창배 선교사를 만나 그가 사역하고 있는 과학의 도시 다름슈타트Darmstadt에서 1박하고 날이 새면 지체 없이 길을 떠나 벨기에 브뤼셀에서 틴데일의 흔적을 찾고 영국의 브리스톨까지 갈 것이라 약속하고 헤어졌다.

다음날, 아침 식사를 간단히 하고 틴데일을 찾아 떠나는 순례의 길, 벌써 가슴이 벅차오른다. 먼저 국경을 넘는다고 하기에 시간이 얼마나 걸리느냐 하니 살짝 미소만 보인다. 한참 달리자 벌써 국경을 넘어 브뤼셀Brussel로 가는 이정표가 보이기 시작한다. 그 길을 따라 벨기에로 가는 동안, 이어지던 시골 풍경에서 도시 건물들이 나타나기 시작하더니 어느새 도시 건물 사이로 차가 달린다. 벨기에나 독일이나 도시 풍경은 별로 다를 바 없다.

우리가 가는 길은 관광이 아닌 개혁자들의 흔적을 찾는 순례의 길이다. 브뤼셀 국제공항을 끼고 몇 분 지나자 틴데일 공원으로 가는 입간판이 순례자를 영접한다. 그런데 공원을 찾는 자들이 드물어 너무 한가하다. 적당한 곳에 차를 세우고 틴데일 순교 기념탑을 여기저기 돌아보며 틴데일의 모습을 그려보았다. 그리고 가까이에 있는 틴데일 기념교회를 찾았으나 교회 문이 닫혀 있어 주변만 살핀 후 아쉬움만 남기고 그만 돌아섰다.

틴데일은 영국의 중부 글로스터셔Gloucestershire 지방의 한 농부의 아들로 태어났다. 그는 맥델런Magdalen 대학을 거쳐 옥스포드 대학에서 석사 학위를 받고 케임브리지 대학에서 라틴어 성경과 개혁 사상에 목숨을 걸었던 위클리프 그리고 루터M.Luther연구에 몰두하였다. 그러나 무엇보다 위클리프 신학 사상에 감동되어 불태워 없어진 영어판 성경을 다시 번역하고자 네덜란드로 건너갔다. 그는 히브리어와 헬라어에도 능통했기에 성경 원전을 영어로 번역 할 수 있었다. 그러다 1526년, 드디어 영어판 성경 번역이 완료되어 서둘러 출판했다. 그러기에 앞서 루터가 번역한

독일어 성경이 영국에 밀수되어 은밀히 돌아다녔다. 그러나 영국 교회는 루터의 개혁신앙과 그 사상을 인정하지 않고 독일어 성경과 틴데일의 영어판 성경을 모두 불살라 버렸다.

그러자 위기를 느낀 틴데일은 주교들의 눈을 피해 상인으로 변복하고 오직 복음만을 전하기 위해 도시를 떠나 산골과 촌락으로 유랑하며 전도하기 시작했다. 그뿐만 아니라 교회가 외면한 병든 자와 가난한 자들의 이웃이 되어 그들을 돌보는 일에도 최선을 다했다. 이 일이 교회에 알

려지자 주교들은 틴데일 찾기에 더욱 혈안이 되었고 마침내 위장된 친구의 밀고로 그의 거처가 발각되어 옥에 갇히게 되었다. 1536년, 매서운 겨울을 감옥에서 보낸 틴데일은 부르셀 근교 빌보드 성 광장 중앙에 임시로 만들어진 화형장으로 끌려 나왔다. 중세의 화형방식 그대로 장작더미와 갈대를 쌓고 중앙에 기둥을 세워 틴데일을 기둥에 묶어 세웠다. 주변에는 사제들과 구경꾼들이 모여들었다. 그 순간 틴데일의 마지막 한마디 절규의 탄식은 "주여! 영국 왕의 눈을 열어

틴데일 순교 기념교회

주옵소서." 였다. 틴데일의 기도가 끝나자 광분한 사제들은 불 뭉치를 갈대 더미에 던졌다. 불은 순식간에 틴데일의 몸을 휘몰아쳤다. 그 후 테드우르트H.Terwoort, 얀 피터스Jan Pieters, 레가트 R.Legat 그리고 위트만E.Wightman등도 화형을 면치 못했다.

이들의 육체는 불꽃이 되어 사라졌지만, 복음은 태우지 못하고 다시 살아나기 시작했다. 틴데일이 순교한 2년 후인 1538년, 영국 왕 헨리Henry VIII 8세는 누구에게나 성경을 읽게 하였고 교구의 각 교회에는 틴데일의 성경Tindale's version을 비치 하도록 명령했다.

그 후 1611년, 영국 왕 제임스James 1세가 즉위하여 옥스포드 대학의 교수들과 신학자들이 6개 팀으로 나누어 틴데일 성경을 재개역 한 것이 바로 킹 제임스(King James/KGB)성경이다. 이 성경이 출판되기까지는 무려 7년이나 걸렸다.

브뤼셀을 떠나 도버 해협을 건너려면 해저 터널이나 페리를 타고 건너야 하기에 우리는 페리를 타기로 했다. 잠시 선상 객실을 둘러본 후, 선상 갑판으로 올라와 사방을 둘러본다. 그 사이 틴데일의 생애를 생각하니 왠지 아쉬움이 떠나지 않는다.

틴데일이 그토록 귀한 말씀이라 여겼던 성경, 그 말씀이 다른 어떤 경전經典과 비교할 수 없는 유일한 구원의 말씀이었기에 그는 자신의 생명을 아끼지 않았을 것이다. 명상이 미처 끝나기도 전에 페리는 영국의 도버Dover 항구에 입항했다. 페리에서 내린 여행객 모두가 이민국 창가

로 차를 몰았다. 입국 수속은 까다롭지 않았으나 그 수가 많아 예정보다 많이 지체됐다. 석양빛은 이미 서쪽 하늘 끝으로 사라졌고 브리스톨Bristol로 가는 고속도로는 어둠에 잠기기 시작했다.

얼마를 달리다가 "얼마쯤 더 가면 브리스톨에 도착하느냐?" 하니 아직 멀었다고 한다. 고속도로에 오가는 차량도 몇 대뿐, 달려오는 차량이나 달려가는 차량이나 전조등 외에 아무것도 보이질 않는다. 한참이나 달리다 보니 도시의 불빛이 하나 둘 늘어간다. 마침내 브리스톨에 도착하여 예약된 모텔 안내원의 안내에 따라 숙소에 들어가니 지성구 선교사가 우리를 기다리고 있다. 그를 처음 만났으나 그 얼굴에 비친 친절함과 성실함을 보니 그간의 피곤함이 일시에 사라진다. 시간을 보니 방금 자정을 넘었다. 잠들기 전, 오늘의 일정을 메모해 본다.

아침 7시에 프랑크푸르트에서 출발하여 브뤼셀에 들러 틴데일을 만나고, 곧장 달려왔는데도 자정을 넘었으니 하루에 17시간을 보낸 순례의 길이었다. 기침을 하면서도 흔쾌하게 험한 여정을 함께 한 이창배 선교사에게 미안한 마음이 밀려온다. 차를 몰고 가다가도 순간적인 영감으로 사진을 찍을 때면 항상 몇 걸음 물러서서 말없이 개혁자의 흔적을 찾는 나를 기다려주는 이선교사로 인해 이토록 귀한 책을 완성할 수 있었다.

많이 피곤하지만, 밤잠을 설치고 말았다. 그런데 아침 일찍 지선교사가 잘 익은 총각김치 한 사발을 들고 왔다. 잠시 적당히 먹을 것을(누룽지) 준비하고 그릇을 열어 맛보는 순간!

'아! 바로 이 맛이야.'

존 웨슬리

John Wesley(1703. 6. 28 – 1791. 3. 2)

세계는 나의 교구다

영국 제2의 도시라 할 수 있는 브리스톨의 에이본Avon 강변에는 노예선 선착장이 있다. 지난 18세기 영국인들은 아프리카의 흑인들을 사로잡아 브리스톨 항구로 입항했다. 항구 주변에는 소를 팔고 사는 우시장이 있었지만, 노예시장이 호황을 이루자 우시장 대신 노예시장으로 개발되었다.

자유롭게 살던 사람들이 노예가 되어 영국뿐만이 아니라 미국으로도 팔려나갔다. 노예의 가격은 치아의 상태에 따라 값이 정해졌다. 존 뉴톤의 아버지는 노예를 운반하는 노예선 선장이었고 어머니는 독실한 기독교인으로 뉴톤을 성직자로 키우고 싶어했지만 뉴톤의 나이 일곱 살이 되어갈 무렵 어머니가 그만 결핵으로 세상을 떠났다.

어머니의 죽음으로 인한 충격으로 뉴톤은 암흑 같은 세상에서 방황하다 아버지를 따라 노예선에 올랐다. 그때 그는 실제 노예들의 비참한 모습을 보게 되었다. 인간의 비정함을 본 뉴톤은 어릴 적 어머님의 가르침에 목메어 울고 자신이 흉악한 죄인이었다는 것을 찢어진 가슴에 담았다. 훗날 그는 "어머님의 가르침 때문에 내가 하나님께 돌아올 수 있었다."라고 고백하였다. 새롭게 태어난 존 뉴톤이 하나님의 사랑을 체험하고 남긴 글이 오늘날 〈놀라운 은혜Amazing Grace〉란 찬송 중의 찬송이 되어 만인이 부르고 있다. 지금은 노예시장 그 자리에 감리교 최초의 예배당인 뉴룸New Room이 있다.

브리스톨의 상징 클리프턴 현수교 Clifton Suspension Bridge

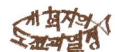

나 같은 죄인 살리신 주 은혜 놀라와 잃었던 생명 찾았고 생명을 얻었네.
큰 죄악 에서 건지신 주은혜 고마워 나 처음 믿은 그 시간 귀하고 귀하다.
이제껏 내가 산 것도 주님의 은혜라 또 나를 장차 본향에 인도해 주시리.
거기서 우리 영원히 주님의 은혜로 해처럼 밝게 살면서 주 찬양 하리라.

위필드Whitfield와 웨슬리의 흔적이 있는 한암Hanham Mount으로 올라갔다. 언덕 입구의 안내판을 잠시 들여다보고 야외 강단에 올라서서 웨슬리처럼 "세계는 나의 교구다.The world is my parish"라고 소리쳤다. 당시의 영국교회는 웨슬리가 교회에서 설교하는 것을 허락하지 않았다. 그 때문에 웨슬리는 말을 타고 영국 전역에 다니며 길가나 야외에서 복음을 전하였다. '그때 이곳에 얼마나 많은 사람이 모였을까!' 생각하면서 안내 판에 그려진 그림을 다시 한번 자세히 살펴보았다.

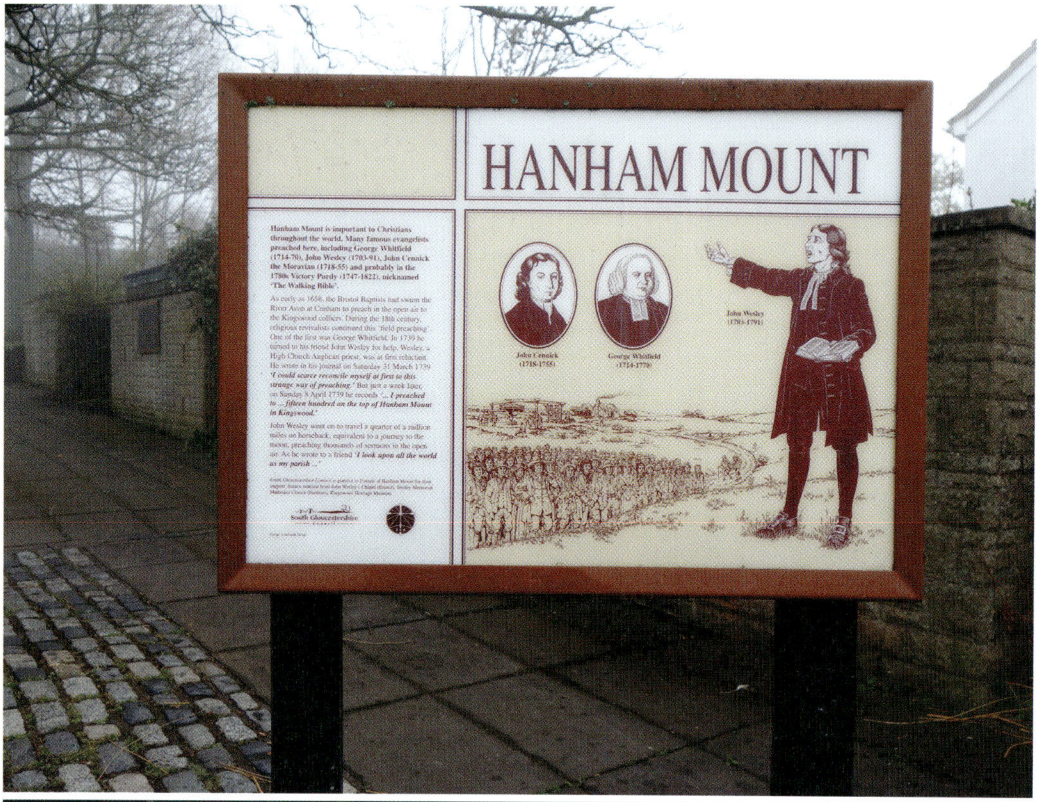
HANHAM MOUNT
Hanham Mount is important to Christians throughout the world. Many famous evangelists preached here, including George Whitfield (1714-70), John Wesley (1703-91), John Cennick the Moravian (1718-55) and probably in the 1780s Victory Purdy (1747-1822), nicknamed 'The Walking Bible'.
As early as 1658, the Bristol Baptists had swum the River Avon at Conham to preach in the open air to the Kingswood colliers. During the 18th century, religious revivalists continued this 'field preaching'. One of the first was George Whitfield. In 1739 he turned to his friend John Wesley for help. Wesley, a High Church Anglican priest, was at first reluctant. He wrote in his journal on Saturday 31 March 1739 'I could scarce reconcile myself at first to this strange way of preaching.' But just a week later, on Sunday 8 April 1739 he records '... I preached to ... fifteen hundred on the top of Hanham Mount in Kingswood.'
John Wesley went on to travel a quarter of a million miles on horseback, equivalent to a journey to the moon, preaching thousands of sermons in the open air. As he wrote to a friend 'I look upon all the world as my parish ...'
South Gloucestershire
John Cennick (1718-1755)
George Whitfield (1714-1770)
John Wesley (1703-1791)

HANHAM MOUNT
On the Mount at the end of this path
George Whitfield and John Wesley
Preached their earliest open-air sermons
in A.D. 1739
WHITEFIELD'S JOURNAL
Saturday 17th. February 1739. "... in the afternoon I went to Kingswood...after dinner I went upon a Mount and spake... I believe I never was more acceptable to my master than when I was standing to teach those hearers in the open fields."
Sunday 1st. April 1739. "...preached at the Bowling Green, Hanham and Rose Green."
JOHN WESLEY'S JOURNAL
Saturday 31st. March 1739. "...I reached Bristol and met Mr. Whitefield there. I could scarce reconcile myself at first to this strange way of preaching in the fields, of which he set me an example on Sunday."
Sunday 8th. April 1739. "...I preached to about fifteen hundred on the top of Hanham Mount in Kingswood."
"Church or no Church, we must attend to the saving of souls."
On the occasion of the Wesley Big Event to mark the tercentenary of the birth of John Wesley
This plaque was unveiled by the Reverend Ian T White, President of the Methodist Conference and Councillor June Lovell, Vice Chair of South Gloucestershire Council.
22nd June 2003
This plaque was unveiled by
Councillor Les Bishop
Chair of South Gloucestershire Council
and
The Reverend Dr Kenneth G.Greet, Hon.D.D. (Ohio, USA)
ex-Chairperson of the World Methodist Council
In recognition of this
World Methodist Heritage Site
On Tuesday, 11th June 1996
World Methodist Council

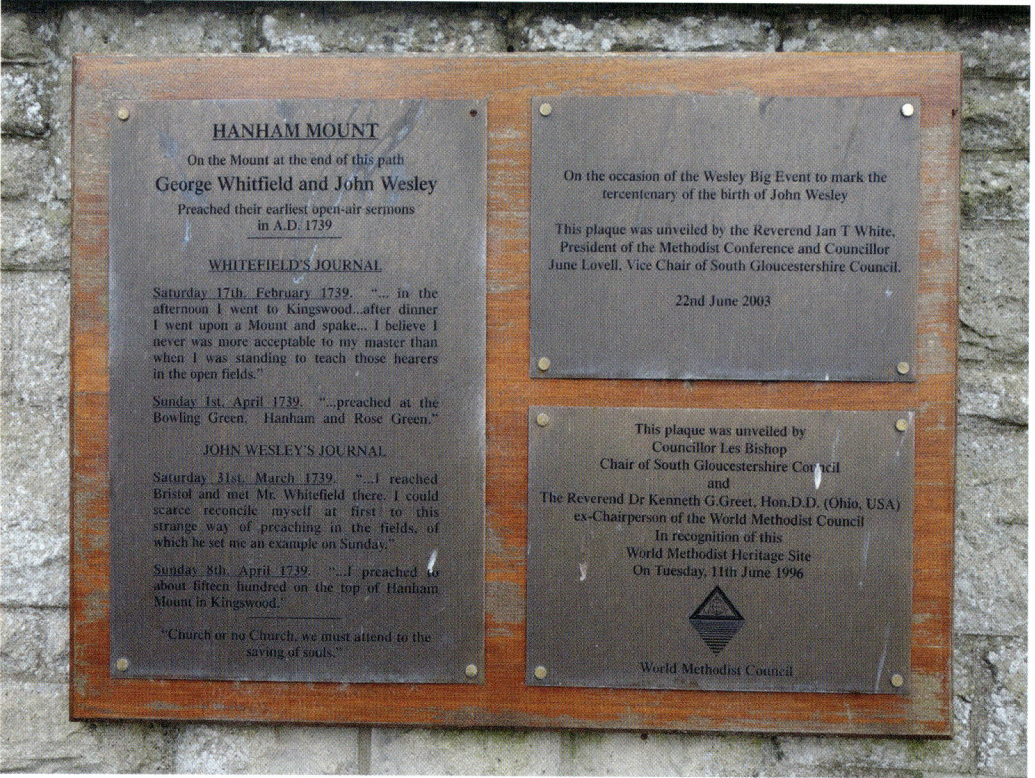

1. 만입이 내게 있으면 그 입 다 가지고 내 구주 주신 은총을 늘 찬송하겠네
2. 내 은혜로신 하나님 날 도와주시고 그 크신 영광 널리 펴 다 알게 하소서
3. 내 주의 귀한 이름이 날 위로 하시고 이 귀에 음악 같으니 참 희락되도다
4. 내 죄의 권세 깨뜨려 그 결박 푸시고 이 추한 맘을 피로써 곧 정케하셨네
 —만입이 내게 있으면 (찰스 웨슬리)

웨슬리가 설교했던 야외 강단

'THE WORLD IS MY PARISH'

온 세계를 자신의 교구라고 고백하며 미국과 영국에서 찰스 웨슬리와 함께 경건 운동과 사회 운동을 펼쳤던 존 웨슬리! 감리교회는 그의 큰 뜻을 품었다.

　야외 강단에서 앞뒤를 돌아보니 수많은 무리가 모였던 언덕 잔디밭 가운데에 십자가가 웨슬리의 말씀을 듣기 위해 모였던 무리를 대신하고 있다. 더불어 잔디밭 수선화가 웨슬리의 설교를 경청하듯 고요한 아침 안개에 덮여 아름다움을 뽐내고 있다.

세계는 나의 교구다 THE WORLD IS MY PARISH

웨슬리의 설교를 듣기 위해 모였던 무리를 대신한 십자가

무너져 가는 영국교회

죠지 뮬러 & 감리교 최초의 예배당 뉴룸

한엄 언덕을 내려와 웨슬리의 발자취가 남아있는 뉴룸New Room으로 가는 도중 십자가가 보이는 교회가 있어 잠시 들어가 보자고 차를 세우고 지체 없이 교회 쪽으로 달려갔다. 그런데 건물은 분명 교회인데 THE HINDU TEMPLE(힌두 사원) 이란 현판이 붙어있다.

길가 모서리의 철문이 열려있어 조심스럽게 교회 마당으로 들어갔다. 교회는 돌 벽돌로 쌓았고 외각 창문은 스테인드글라스로 장식했다. 교회 출입문을 열고 내부를 보는 순간 잔잔한 소름이 얼굴에 돋는다. 이층으로 올라가 창문에 비치는 화려한 스테인드글라스를 볼까 했더니 알 수 없는 힌두교의 그림으로 창을 가려 버렸다. 그러다 정면을 보니 교회의 흔적은 찾아볼 수 없고, 머리에 황금 관을 쓴 일곱 명의 힌두 여인들이 강단에 줄지어 서 있다. 사면 벽면에도 힌두의 그림들뿐인데 거기에 예수님을 그린 그림이 함께 걸려있다. 그리고 위층 앞면 스테인드글라스에 'O COME LET US SING UNTO LORD' 오른쪽에는 'LET US HEARTILY REJOICE IN THE STRENGTH OF OUR SALVATION' 란 글이 새겨져 있다.

그렇다면 이 건물은 주님을 찬양하고 예배드렸던 교회가 분명하다. 아래층 강단 중앙에도 힌두의 우상이 자리하고 있다. 기왕 여기까지 왔는데 인증사진 한 컷하고 돌아서는데 가슴이 먹먹하고 답답하다.

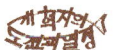

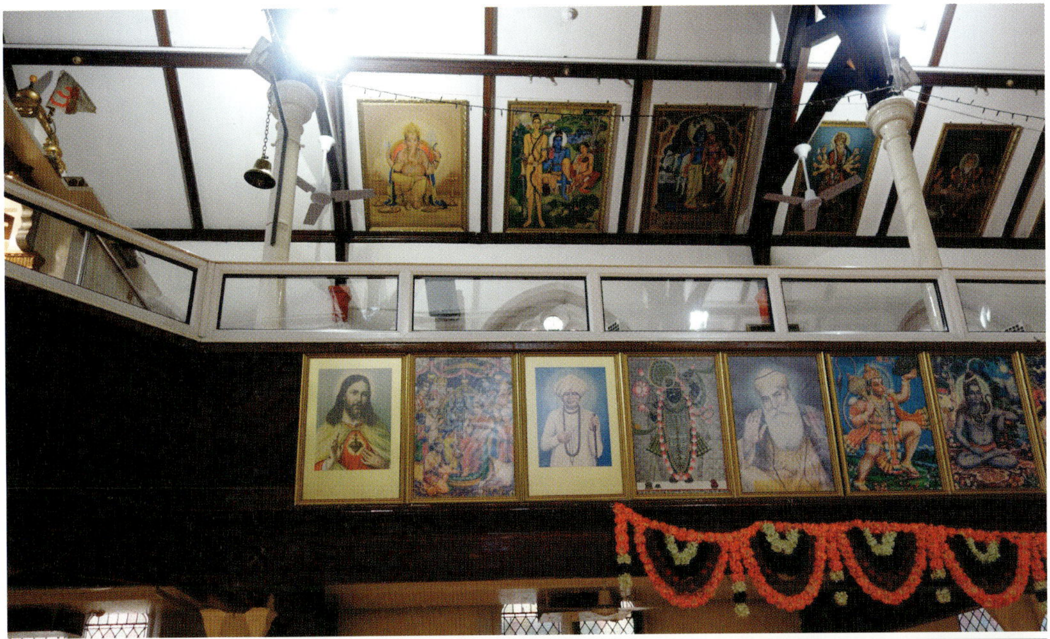

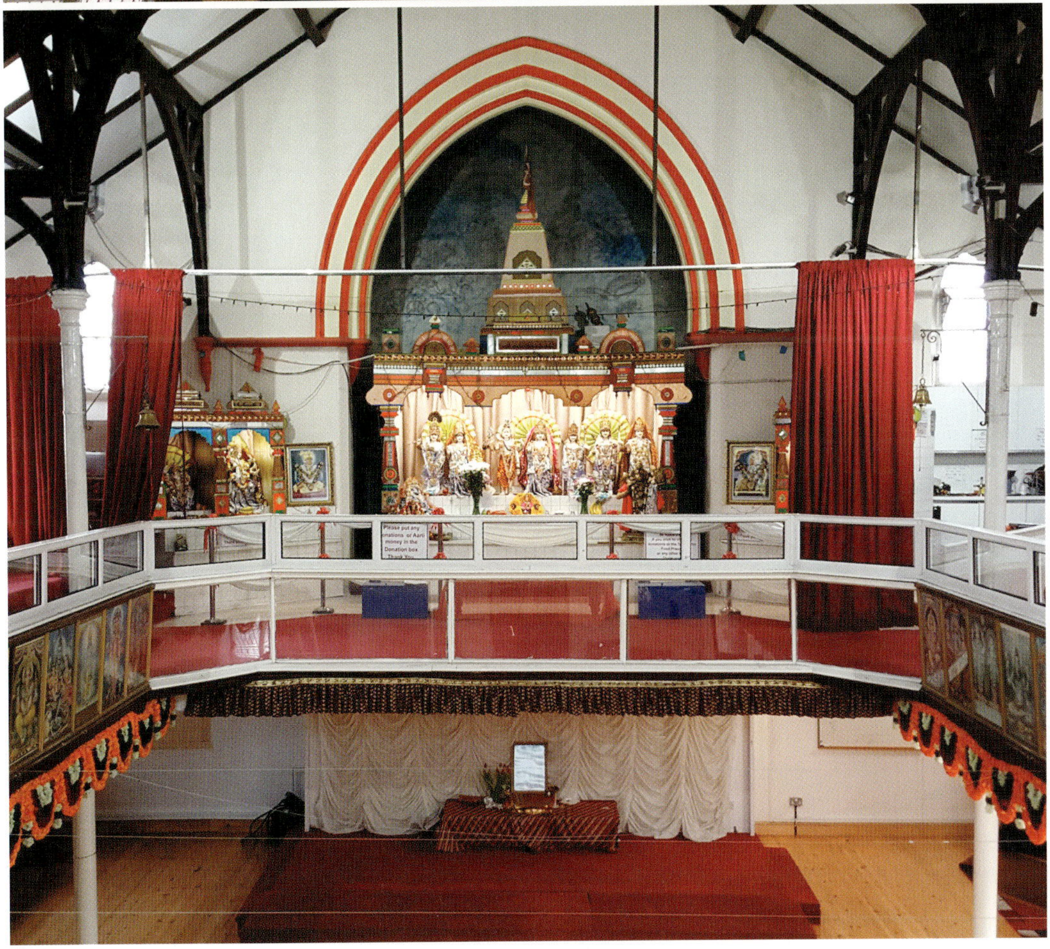
Please put any
onations of Aarti
money in the
Donation box
Thank You

　뉴룸New Room으로 가는 길목에 '고아의 아버지'라고 불리었던 죠지 뮐러(George Muller 1805-1898)의 기념관이 있어 잠시 들렸다. 그는 프로이센에서 출생하고 할레 대학에서 신학을 전공했다. 22세의 젊은 뮐러는 영국 틴머스Teignmoyth로 건너가 개신교회의 목사가 되었다. 당시 영국에는 콜레라가 발생하여 사망자가 셀 수 없이 늘어났다. 그 당시에 그는 환자들을 방문하고 복음을 전했으며 부모를 잃은 고아들을 위해 브리스톨에 고아원을 세우고 36년 동안 고아들을 돌보는 일에 헌신했다. 한때는 5천 명 이상의 고아들을 챙겨야 했으며 그의 생애 끝자락에는 인도와 중국으로 전도 여행을 떠나기도 했다.

　기념관에는 뮐러의 생애를 요약한 안내판과 사진들, 그리고 그가 사용했던 책상, 가방 그리고

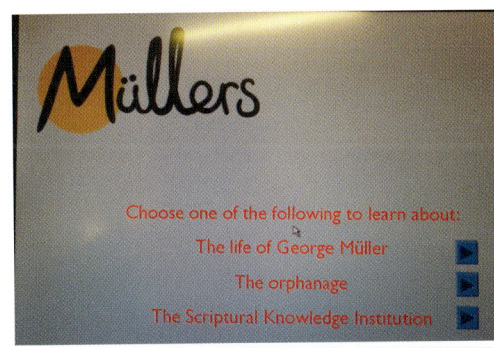

죠지 뮐러 기념관

각종 유품이 정리되어 순례객들을 맞이하고 있다. 특별히 그의 친필 편지와 기록들에 눈길이 간다. 비록 크지는 않지만 소박한 기념관을 볼 수 있게 된 것도 지성구 선교사의 자상한 안내 덕분이며 이 또한 주님의 계획이라 생각한다.

서커스 연습장으로 바뀐 교회

시내로 접어들자 중세와 현대의 건물들이 묘한 조화를 이루어, 도시는 더욱더 고풍스럽다. 그러나 영국교회가 무너져 간다는 소문에 안타까운 마음으로 영국교회를 위해 기도하며 가던 중 하늘을 찌를 듯 높이 솟은 종탑이 있는 교회가 있어 무작정 차를 세웠다. 이 교회는 어떤가 하여 들어가려는데 문이 잠겨있어서 잠시 망설이다 문을 가볍게 두들기자 어느 젊은 여인이 나타나 살며시 문을 열어준다. 그녀에게 목 인사를 가볍게 하고 교회로 들어갔다. 역시 창문에는 각종 성화로 채워진 스테인드글라스가 화려하다. 그런데 예배드리는 의자나 강단도 없고 오르간도 보이지 않는다. 다만 천장 높은 곳에 그네와 굵은 줄을 매어놓았을 뿐이다. 자세히 보니 어두컴컴한 공간에서 십여 명이 줄타기를 하거나 그네를 타고 재주를 부린다. 카메라를 만지작거리자 여인이 사진은 안된다고 고개를 흔든다. 그래서 "한 장만이라도" 하고 사정했더니 상냥하고 정중하게 딱 거절한다. 참으로 야박스럽다. 그렇다면 교회 밖에서 찍기로 하고 사진 한 컷 챙기고 보니 이 교회는 이미 서커스 연습장으로 바뀌어 있었다.

그간 영국교회가 무너져 가고 있다 하는 소리에 설마 했더니 그 말은 사실이었다. 성전에서 예배드리는 자들이 없어지니 그 자리를 다른 것들이 차지했다. 마음이 아프지만, 아직 가야 할 곳이 많다. 갈 길이 바빠 미련 없이 돌아서서 뉴룸으로 향했다.

요한 웨슬리의 흔적은 영국 전역에서 찾아볼 수 있는데 브리스톨에는 최초의 감리교 예배당인 뉴룸 New Room이 있다. 1739년에 세워졌는데 여기서는 웨슬리 채플로 불리워진다. 이곳 역시 웨슬리를 추억하게 하는 기념관이 있다. 어디를 가나 웨슬리를 소개하려는 영국인들의 마음이 깃들여 있는 것을 느끼며 전시물을 소상히 살펴보았다.

뉴룸 John Wesley's First Chapel

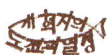

CHARLES WESLEY : THE WRITER OF HYMNS

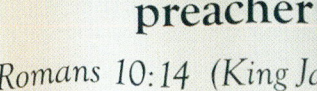

John Wesley preaching on his father's tomb in Epworth because he was not allowed into the Parish Church. By now he and all the preachers were prepared to go outside the walls of Churches to reac[h]

CHARLES WESLEY – THE MAN MADE FOR FRIENDSHIP

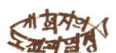

 It started at the New Room

Now 108 Churches are linked with the World Methodist Council and we welcome many visitors from them who honour the work begun here

African Methodist Episcopal Church : African Methodist Episcopal Zion Church : Albania, United Methodist Church : Algeria/Tunisia, United Methodist Church: Argentina, Evangelical Methodist Church : Australia, Chinese Methodist Church : Australia, Uniting Church in : Australia, Wesleyan Methodist Church : Austria, United Methodist Church : Bahamas Conference of the Methodist Church (BC/MC) : Bangladesh, Methodist Church : Belgium, United Protestant Church : Benin, Protestant Methodist Church : Bolivia, Evangelical Methodist Church : Brazil, Methodist Church : Bulgaria, United Methodist Church : Canada, The United Church : Caribbean and Americas, Methodist Church : Central Africa, African Methodist Episcopal : Central and Southern Europe Central Conference : Central Congo United Methodist Church : Chile, Methodist Church : Christian Methodist Episcopal Church : Church of the Nazarene : Colombia, Methodist Church : Costa Rica, Evangelical Methodist Church : Côte d'Ivoire, Protestant Methodist Church : Croatia, United Methodist Church : Cuba, Methodist Church : Czech Republic, United Methodist Church : Denmark, United Methodist Church : Dominican Republic, Evangelical Church : East Africa Annual Conference of the United Methodist Church : East Angola, United Methodist Church : Ecuador, Evangelical United Church : Estonia, United Methodist Church : Fiji and Rotuma, Methodist Church : Finland, Finnish United Methodist Church : Finland, Swedish United Methodist Church : France, United Methodist Church : Germany Central Conference : Ghana, Methodist Church : Great Britain, Methodist Church : Hong Kong, PRC, Church of Christ : Hong Kong, PRC, Methodist Church : Hungary, United Methodist Church : India, Church of North India : India, Church of South India - Bangalore Episcopal Area : India, Methodist Church : Indonesia, Methodist Church North : Indonesia, Methodist Church South : Ireland, Methodist Church : Italy, Methodist Church : Kenya, Methodist Church : Korea, Methodist Church : Latvia, The United Methodist Church : Liberia, United Methodist Church : Lithuania, United Methodist Church : Macedonia, United Methodist Church : Malaysia, Methodist Church : Mexico, Methodist Church : Mozambique, United Methodist Church : Myanmar, Methodist Church (Lower) : Myanmar, Methodist Church (Upper) : New Zealand, Methodist Church : New Zealand, Wesleyan Methodist Church : Nigeria, Methodist Church : Nigeria, United Methodist Church : North America, The Free Methodist Church : North Katanga United Methodist Church : Northern Europe Central Conference : Northern Europe Central Conference : Norway, United Methodist Church : Pakistan, the Church of : Panama, Evangelical Methodist Church : Paraguay, Evangelical Methodist Community : Peru, Methodist Church : Philippines Central Conference : Philippines, Evangelical Methodist Church : Philippines, United Church of Christ : Poland, United Methodist Church : Portugal, Evangelical Methodist Church : Puerto Rico, Methodist Church : Republic of China, Methodist Church : Samoa, Methodist Church : Sierra Leone, Methodist Church : Sierra Leone, United Methodist Church : Sierra Leone, West African Methodist Church : Singapore, Methodist Church : Slovak Republic, United Methodist Church : South Congo United Methodist Church : Southern Africa, African Methodist : Southern Africa, Methodist Church : Spain, The Evangelical Church : Sri Lanka, Methodist Church : Sweden, United Methodist Church : Switzerland, United Methodist Church : The Wesleyan Church : Togo, Methodist Church : Tonga, Free Wesleyan Church : Uruguay, Evangelical Church : USA United Methodist Church : West Africa, African Methodist : West Angola, United Methodist Church : Zambia, United Church : Zimbabwe, African Methodist Church : Zimbabwe, Methodist Church : Zimbabwe, United Methodist Church

Details are on the World Methodist Council website
http://www.worldmethodistcouncil.org/

"I look upon the World as my Parish"
John Wesley

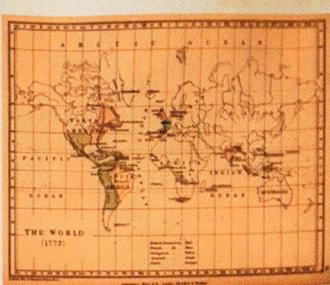

Methodism owes much to the zeal for "Mission" of those who met in these rooms.

John Wesley, in opposing Slavery, spoke of African people who most in Britain ignorantly called 'savages' - as human and 'brothers', and encouraged those who were prepared to travel to preach in Nova Scotia, and soon the West Indies and to all the countries of Asia and Africa.

The New Room welcomes many visitors from Churches established by those pioneers:

Dr Thomas Coke and Francis Asbury are among many who died serving God and his people far from home.

The whole of the New Room is recognised as an accredited Museum of international importance: please enjoy it and help us care for it!

웨슬리가 사용했다는 의자, 퇴색된 가구들 그리고 몇 장의 기록물과 사진들 정도가 있었지만, 웨슬리를 추억하기엔 충분했다. 다시 앞뜰로 내려오니 웨슬리의 말구유와 기마상이 그때의 열정을 재연하고 있다. 웨슬리는 영국 국교회의 목사였지만, 교회는 웨슬리에게 강단을 허락하지 아니하였다. 하지만 그는 "세계는 나의 교구다"라며 말을 타고 야외나 도심의 광장 그리고 시장이나 길거리에 모여든 군중들에게 구원의 기쁜 소식을 쉴 사이 없이 전했다. 그럴 때마다 어릴 적 화재의 현장에서 살아난 순간을 묵상하며 '불에서 꺼낸 그슬린 나무 조각'(슥3:2) 이라는 모친의 가르침과 '하나님은 왜 나를 죽음에서 구해 주셨을까?' 하는 생각이 복음을 전하는 열정의 힘이 되었다고 고백했다.

교회 역사가들의 기록에 의하면, 웨슬리는 평생 400만 Km를 달리면서 복음을 전하다가 1791년 3월 2일 임종을 맞이할 때 "평안히 계십시오."라는 유언을 남기고 주님 품에 안겼다고 한다.

웨슬리의 마굿간

한 사람이면 패하겠거니와
두 사람이면 능히 당하나니
삼겹줄은 쉽게 끊어지지
아니하느니라
−전도서 4:12

기념관을 나와보니 또 중세에 세워진 듯한 교회가 보인다. 그런데 길가에 광고판이 세워져 있어 이곳도 혹시 카페나 무엇인가로 바뀌었나 걱정하며 들어가 보았다. 다행히 성당 내부는 고풍스러운 건축양식과 아름다운 스테인드글라스를 잘 보존하고 있었다.

이 곳은 가톨릭교회로 지어졌으나 헨리 8세 때에 영국이 가톨릭과 대립하며 성공회를 만들면서 성공회 성당으로 바뀌어져 지금까지 내려오고있다. 지금도 공동체 모임과 예배를 활발하게 드리고 있는 흔적이 있다.

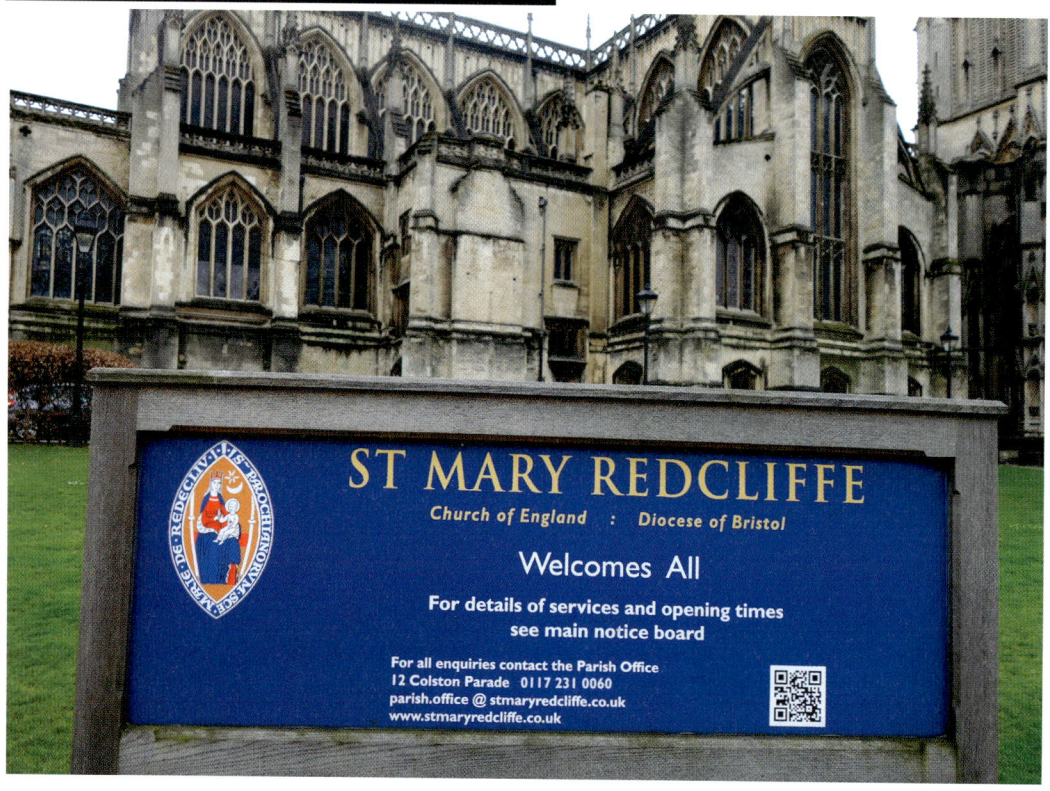

156 The Defiance and Passion of the Reformers

이슬비에 젖은 묘비들

이 밤이 늦기 전 에든버러에 도착하기 위하여 별다른 휴식 없이 순례 길을 재촉했다. 도시를 벗어나자 바람기 없는 안개비에 흠뻑 젖은 푸른 초장이 스코틀랜드 지경까지 끝없이 이어진다. 동행한 선교사님이 기침을 계속하여, 이유를 묻자, 항상 그렇다는 간단한 답이다. 그러나 알고 보니 기관지에 이상이 생겼기 때문이란다.

오늘도 12시간 이상 운전해야 한다. "그런 몸인 줄도 모르고 안내를 부탁했다."고 하자 "그동

안 하는 일이 바빠서 관광 안내는 하지 않았으나 금번에는 복음을 지키려는 의도가 좋아서 함께 했다."고 하니 조금은 안심이 된다. 차는 계속해서 초원을 달린다. 어디쯤인가 에든버러로 가는 길목 초장에 양 무리가 있어 차를 세우고 무리에 가까이 가자 새끼를 품은 양 한 마리가 물끄러미 바라본다. 참으로 정겹고 평화롭다. 이창배 선교사가 그 모습을 보면서 "지금 가는 길은 처음이지만 다음은 가족과 함께 오고 싶다." 하며 미소로 대답한다. 미안한 마음이 위로가 된다.

여호와는 나의 목자시니 내가 부족함이 없으리로다
그가 나를 푸른 초장에 누이시며 쉴만한 물 가로 인도하시는도다
내 영혼을 소생시키고 자기 이름을 위하여 의의 길로 인도하시는도다
내가 사망의 음침한 골짜기로 다닐찌라도 해를 두려워하지 않을 것은
주께서 나와 함께 하심이라 주의 지팡이와 막대기가 나를 안위하시나이다
주께서 내 원수의 목전에서 내게 상을 베푸시고
기름으로 내 머리에 바르셨으니 내 잔이 넘치나이다
나의 평생에 선하심과 인자하심이 정녕 나를 따르리니
내가 여호와의 집에 영원히 거하리로다 (시편 23편)

에든버러에 도착할 무렵 날은 이미 저물었다. 예약된 숙소를 찾는 사이 가랑비가 점점 굵어지기 시작한다. 아마 밤새워 비가 내렸나 보다. 오늘의 일정은 에든버러의 구시가지를 지나 엔드류 성城으로 갈 것이다. 안개구름은 여전하고 고풍스러운 건물이나 길거리는 물기에 젖어 촉촉하다. 시가지의 중심에 특별한 묘지가 있다 하기에 들어가 보았다.

   입구에 세워진 안내판에는 묘지에 관한 것은 없고 다만 일반 상업을 알리는 광고판이다. 그다지 넓지 않는 잔디밭에 묘비만 세워져 있다. 이곳엔 전설처럼 전해진 진실이 있다.

   1530년경, 가톨릭교회에 저항했던 개혁 신앙을 가진 성도들을 이곳에 가두었다. 말은 가두었다고 하나 어린이도 넘을 수 있는 낮은 담벼락뿐이다. 영국 북부 스코틀랜드의 바닷가는 겨울도 아닌데도 북풍이 불어오니 쌀쌀하다. 추위를 이길 수 있는 어떤 대책도 없는 사람들에게 한 겨울을 지내게 함으로 굶주림과 허기에 지치게 한 후 다시 가톨릭교회로 돌아오도록 회유하고 협박했다. 견디기 힘들어 담벼락을 넘어 저항을 포기하면 면죄를 받는다. 그러나 끝까지 굴복하지 않는 자는 얼어 죽거나 시가지로 끌려 나와 화형으로 처리 되었던 가혹한 핍박의 현장이다.

   자리를 떠나기가 쉽지 않다. 가슴이 먹먹하고 부끄럽다! 오직 진리를 위해 목숨을 버린 이름 없는 순교자들, 오늘날의 우리를 향한 소리 없는 외침이 들리는 듯하다.

추위와 굶주림으로 죽은 사람들을 보관했던 시체 보관소

저 멀리 뵈는 나의 시온성 오 거룩한 곳 아버지 집
내 사모하는 집에 가고자 한 밤을 새웠네
저 망망한 바다 위에 이 몸이 상할지라도
오늘은 이곳 내일은 저곳 주 복음 전하리

아득한 나의 갈 길 다 가고 저 동산에서 편히 쉴 때
내 고생하는 모든 일들을 주께서 아시리
빈들이나 사막에서 이 몸이 곤할지라도
오 내 주예수 날 사랑하사 늘 지켜주시리

아무도 찾지 않는 창살 없는 감옥

개혁의 종소리는 크게 울렸지만, 이곳에 잠든 성도들은 깊은 단잠에 세월을 잊었는가 보다. 조용히 내리는 이슬비는 오늘도 묘비만 적시고 사방을 두루 살펴보았지만 찾는 사람이 아무도 없어 적막하기 그지없다.

동사冬死 한 성도들의 시신을 쌓아 놓았다던 영안실로 가까이 갔으나 출입문은 닫혀 있고 창문은 먼지에 쌓여 퇴색되었다. 잠시 망설이다 돌아서려는데, 누군가의 "어이 그냥 가는 거요!"라는 소리 같은 것을 들었으나 주변엔 아무도 없다. 문득 인생은 이 세상을 잠시 돌아보고 본향으로 향하는 여행자란 생각이 머리를 스친다. 기왕 이곳에 왔는데 꽃 한 송이 드릴만 한 묘비가 없어 너무나 아쉽다. 그 대신 옛날에 즐겨 부르던 찬송을 중얼대며 애달픈 마음을 달래보았다.

다시 구 시가지 광장으로 가는 사이 이선교사가 "에든버러 의과 대학에선 동사한 시신들을 해부학 교재로 사용했기에 에든버러의 인체 해부학은 세계에서 가장 손꼽힌다는 기록이 있다."고 일러준다.

에든버러 출신의 대문호 스콧을 기리는 스콧 기념탑

순교를 자처한 성도들이 죽고 또 죽어 복음을 지킴으로 스코틀랜드의 장로교회로 다시 살아난 것이 아닌가!

  부슬비가 오락가락 하고 있는 중세의 광장엔 역사가 살아있음에도 불구하고 지나가는 사람마저 드물어 한적하다. 다만 종교 개혁을 부르짖다 생명을 빼앗긴 순교자들의 이름과 화형대가 있었던 그 자리만이 비에 젖어 광장을 지키고 있다.

언덕 위 에든버러 성

무려 500년이 지난 일들이었지만, 오늘 이 시간 몸이 불타고 뼈를 태워 연기처럼 사라진 생명은 과연 이 죽음을 이겼단 말인가!

이 불멸의 기념비는 1954년 10월 24일 에든버러 시에서 제작했다는 기록이 있다.

잔 낙스의 도전과 열정의 현장
앤드류 성

앤드류 성으로 가는 사이 가랑비는 그치고 가벼운 안개구름만이 고성古城을 덮고 있다. 성문에 들어서자 퇴색된 묘비들이 줄지어 반긴다. 어디쯤엔가 안내판에 그려진 앤드류 성과 교회를 보면서 이 성의 웅장함과 교회의 화려한 옛 모습을 상상해 보았다. 더욱이 묘비 사이에 무너지고 사라졌던 건물의 잔해와 기초석은 스코틀랜드의 예술적인 신앙 정신을 소상히 보여 주고 있

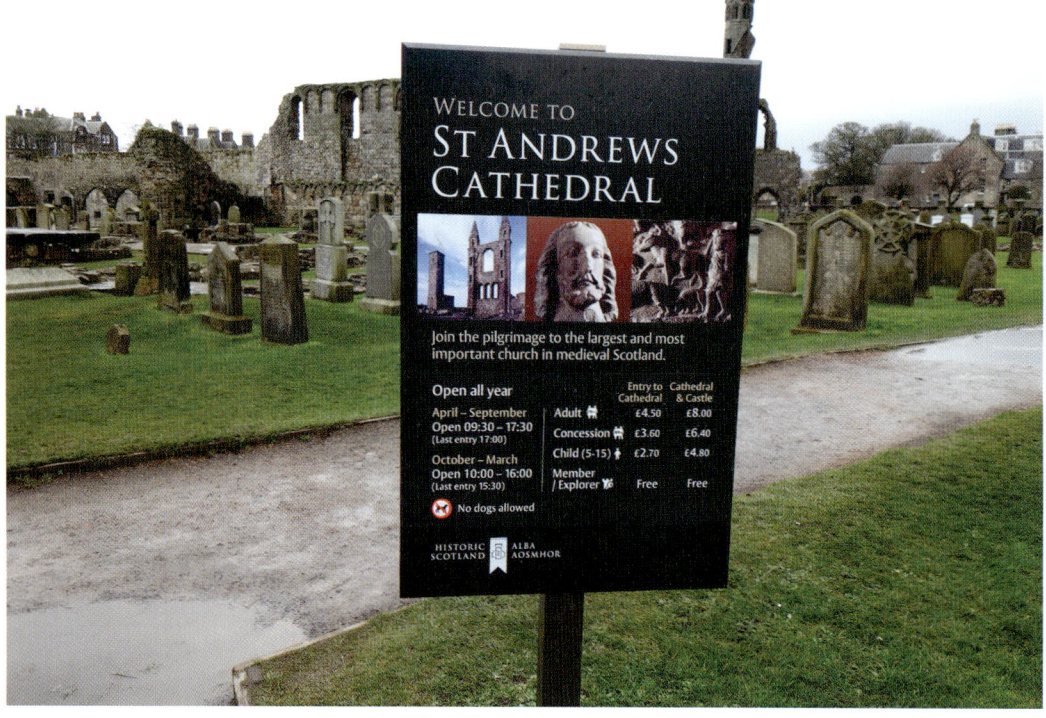

다. 그러나 무엇보다도 이 성을 찾아 순례하는 이유는 낙스John Knox가 이곳에서 체포되었다는 역사가들의 기록을 확인하고 싶고 그의 숨결을 느끼고 싶어 이곳저곳을 빈틈 없이 살피며 중세의 길을 더듬어 걸었다. 그 사이 가랑비가 그치다 다시 내리고 이름 모를 묘비는 푸르른 이끼에 덮여 찬 바람을 견디고 있다.

스코틀랜드 종교개혁의 선구자 낙스는 에든버러 근교인 이스트 로디언East Lothian 주, 해딩턴 Haddington 외곽의 소상인이었던 윌리암 낙스William Knox의 아들로 태어났다(1514년). 1528년에 15살이 된 낙스는 패트릭 헤밀튼Patrick Hamilton이 화형당하는 비참한 모습을 친히 목격했다.

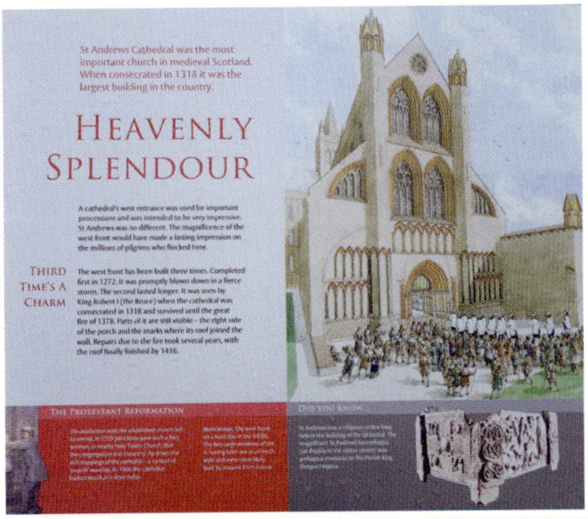

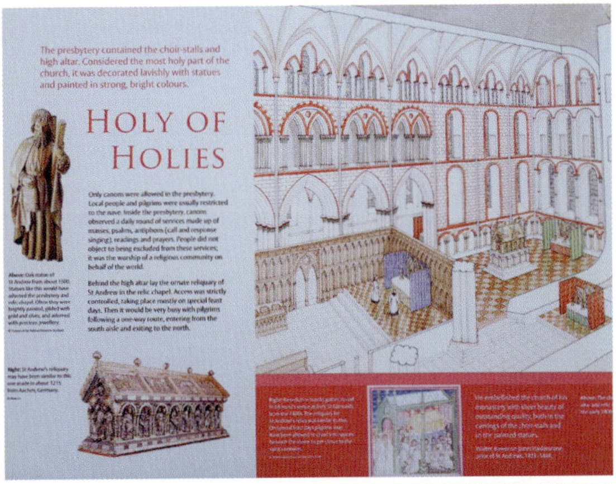

 낙스는 후에 글라스고우Glasgow대학을 졸업하고 가톨릭교회의 사제 서품을 받았다. 이후 1546년, 스코틀랜드의 개혁적 설교가인 위샤트George Wishart가 가톨릭교회를 비판하는 설교를 하다 제임스 비튼James Bitten 추기경에 의해 화형당하는 모습을 또다시 목격하였다.

 당시 위샤트를 따르는 자들은 크게 격분하여 추기경의 관저인 앤드류 성을 습격하여 추기경을 끌어내어 살해하였다. 그때 낙스도 앤드류 성 공격에 합류했다. 그러자 가톨릭교회는 프랑스 원군의 지원을 받아 앤드류 성을 무차별 격파하고 살아남은 위샤트 추종자들과 낙스 까지도 체포하여 프랑스 갤리선의 노예로 팔아 버렸다.

 낙스는 사로잡힌 동료들과 함께 배 젖는 노예 생활을 18개월 동안 하다가 1549년 영국 왕 에드워드 6세의 도움으로 드디어 갤리선의 노예에서 풀려나 자유의 몸이 되었다. 그러나 가톨릭교회의 악덕과 비리는 여전하여 그는 스위스 제네바로 망명하여(1554-1558년) 그곳에서 칼빈을 만났다. 낙스는 칼빈과 함께 하면서 칼빈의 숭고한 신학 사상과 진리의 복음을 알았고, 루터의 개혁신앙에 감동되어 다시 고국으로 돌아와 빈민 구제 사역과 개혁 운동에 앞장섰다. 그때 몇몇 동지들과 함께 '스코틀랜드 신앙고백서 The Scot Confession'를 작성하여 의회의 승인도 받았다.

이후 1560년 7월 19일, 프랑스 용병 군대가 본국으로 귀국하게 되자 낙스는 그에 대한 감사 예배를 세인트 자일스 ST GILES CATHEDRAL 교회에서 드린 후, 로마 교황의 관할권과 프랑스와의 외교 관계를 철폐하는 일에 앞장섰다. 그리고 주님께 기도하였다.

"스코틀랜드를 내게 주시옵소서 아니면 죽음을 주시옵소서. Give Me Scot or Die"

그로 인하여 스코틀랜드 교회의 개혁 운동은 급속히 확산 됨과 동시에 메리 여왕 1세(Marry Queen of Scot 1542-1587)는 스코틀랜드를 개신교 국가로 선포하였다.

아울러 낙스는 세인트 자일스 교회에서 개신교적 예배와 설교를 통해 오직 예수 그리스도 만을 섬기는 것이 복음의 진리라고 주장했다.

1572년 11월 24일 낙스는 조용히 주님 품에 안겼다. 그는 무덤도 없이 자일스 교회 주차장 23번 맨바닥에 홀로 잠들어 있다.

그리고 스코틀랜드 개혁 교회의 인물로 우리가 잘 아는 리빙스턴이 있다. 데이빗 리빙스턴 David Livingstone은 1813년 3월 19일 스코틀랜드 블랜타이어에서 출생했다. 리빙스턴은 어려서부터 선교사가 되는 것이 꿈이었다. 그 뜻을 이루기 위해 글래스고우 엔더슨 대학에 들어가 신학과 의학을 전공했다. 공부가 끝나자 스코틀랜드 조합 교회는 그를 중국 선교사로 임명했다 그러나 영국과 중국과의 아편 전쟁으로 영국인이 중국으로 들어갈 수 없게 되자 27세의 젊은 리빙스턴은 중국 선교의 꿈을 접을 수밖에 없었다. 그 대신 아프리카의 선교사 로버트 마펫 Robert Moffat을 만나 아프리카 선교에 관심을 두게 되었다. 이후 런던 전도협회의 후원을 받아 1840년 노예의 사냥터인 미지의 아프리카로 떠나게 된다. 그의 선교 활동은 아프리카 탐험가로 소개되고 있으니 타서他書를 참고하시기 바란다.

북해의 찬바람과 이슬에 젖은 이름 모를 묘비들

This gate led into the cemetery to the east of the cathedral. The parish church of St Andrews had originally been in that area, until it was moved to its present site in the town in 1412.

고풍스러운 중세교회의 웅장함을 자랑하고 있는
스코틀랜드 장로교회

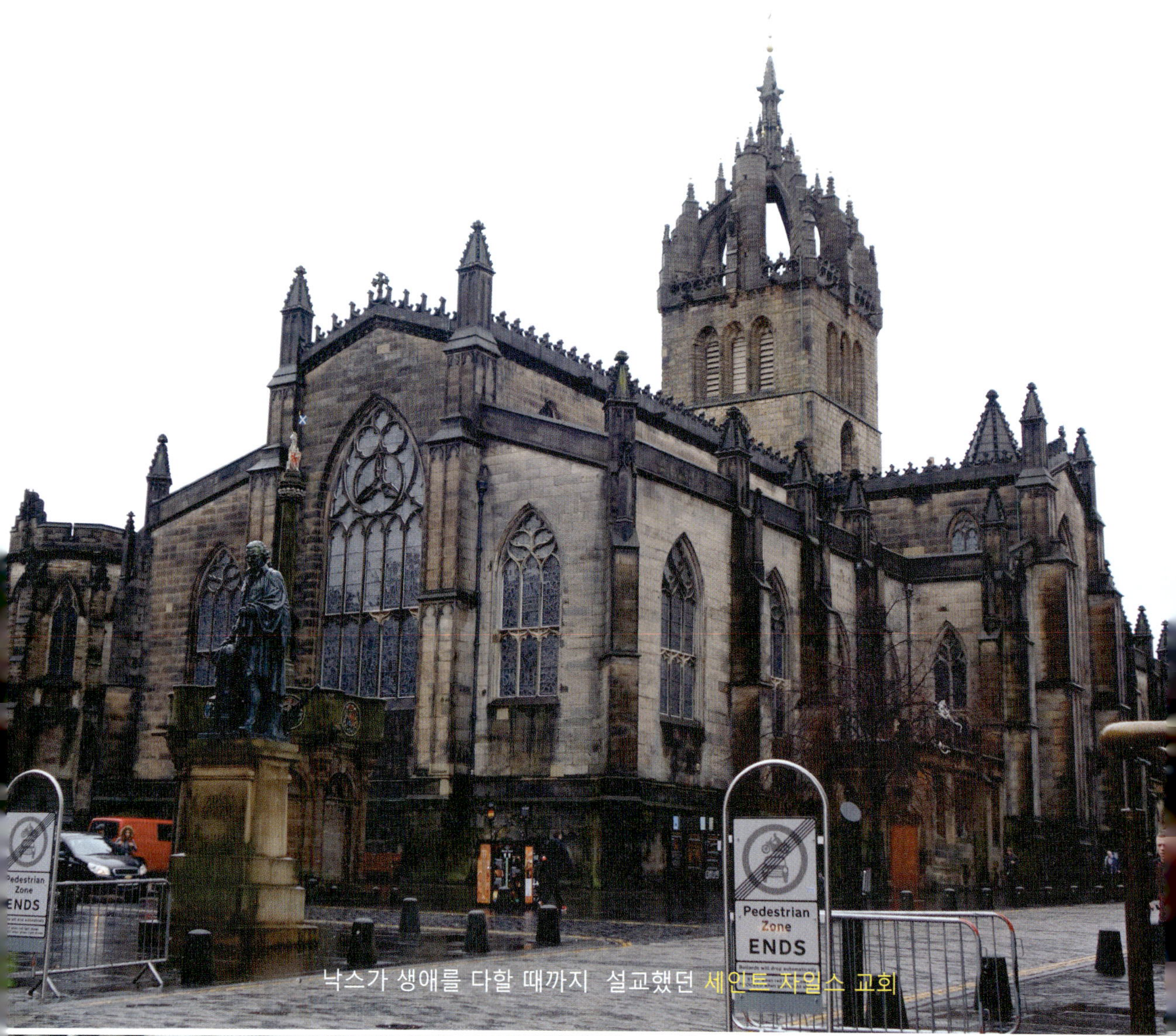

낙스가 생애를 다할 때까지 설교했던 세인트 자일스 교회

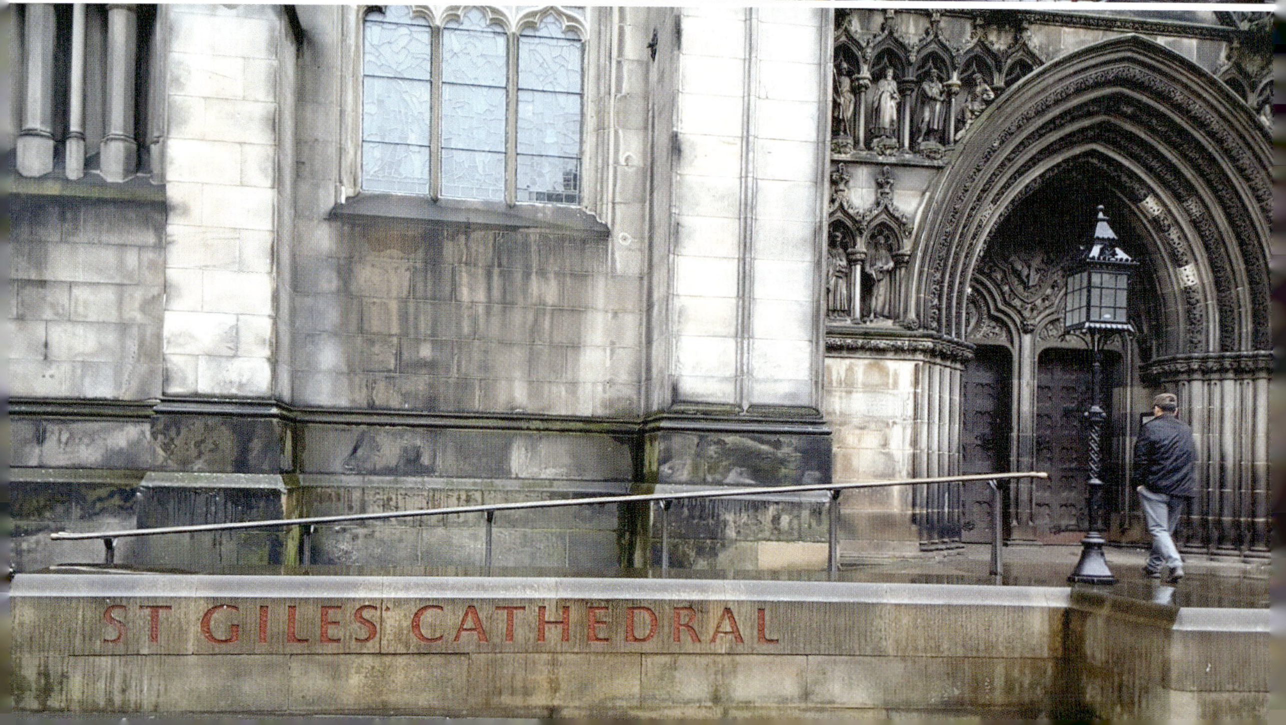

ST GILES CATHEDRAL

　다만 그는 "예수께서 나아와 일러 가라사대 하늘과 땅의 모든 권세를 내게 주셨으니 그러므로 너희는 가서 모든 족속으로 제자를 삼아 아버지와 아들과 성령의 이름으로 세례를 주고 내가 너희에게 분부한 모든 것을 가르쳐 지키게 하라 볼찌어다 내가 세상 끝날까지 너희와 항상 함께 있으리라 하시니라"(마태복음 28:18-20) 하신 말씀에 의지하여 검은 대륙 아프리카를 누볐다. 그러다가 60세가 된 1873년 5월 1일 신병 악화로 인해 뱅웰루 호반에서 주님 품에 안겼다. 우여곡절 끝에 미라mirra가 된 리빙스턴의 시신은 영국교회 관할인 웨스트민스터 사원에 잠들어 있다.

　아직도 이슬비는 간간히 머리를 적신다. 에든버러를 떠나기 전 23번 묘지를 향해 조심스럽게 다가가 머리 숙여 살펴보았다. 그 순간 여기에 낙스의 도전이 함께 잠들어 주님 다시 오실 날을 말없이 기다리고 있다. 그런데 이 묘지는 낙스의 유지였는지 알 수는 없지만, 너무 보잘것없는 표시에 불과하다. 그는 스코틀랜드 교회를 개신교의 교회로 개혁하는데 그의 모든 생애를 드리지 아니했던가! 다시 한번 그의 열정에 불타는 기도를 생각해 보았다

　"스코틀랜드를 내게 주시옵소서. 아니면 죽음을 주시옵소서."

낙스, 이 곳에 잠들다(1873. 5. 1)

억제할 수 없는 잔잔한 감동이 몰려온다. 하지만 이제 에든버러를 떠나야 할 시간, 비록 짧은 시간이었지만 낙스와의 만남과 이별이 참으로 아쉽다. 언제가 다시 오리라 다짐하면서, 스코틀랜드인들의 민속 음악이며 세계인들이 가장 사랑하고 있는 'Auld Lang syne'을 마음속 깊이 흥얼거렸다. 우리말로는 '석별의 정'이라 했고 찬송가에는 '천부여 의지 없어서'로 기록 되었다. 이 곡은 1741년, 웨슬리의 동생 찰스 웨슬리가 작곡하였다.

> 천부여 의지 없어서 손 들고 옵니다 주 나를 박대하시면 나 어디 가리까
> 내 죄를 씻기 위하여 피 흘려 주시니 곧 회개하는 맘으로 주 앞에 옵니다.
> Should auld acquaintance be forgot, and never brought to mind. Should auld acquaintance be forget, and auld langsyne… For auld langsyne my dear, for auld langsyne we'll take a cup of kindness yet for auld langsyne.
>
> 오랫동안 사귀었던 정든 내 친구여 작별이란 웬 말인가 가야만 하는가.
> 어디 간들 잊으리오 두터운 우리 정 다시 만날 그날 위해 노래를 부르자.

이후 순례의 길은 웨슬리의 생가가 있는 마을 엡워스EPWORTH로 내려갈 것이다.

웨슬리의 생가를 찾아서

바람기 없는 안개비가 차창에 흘러내린다. 그 사이 사이로 펼쳐지는 스코틀랜드의 푸른 초장은 웨슬리의 생가 까지 이어진다. 큰길에서 시골길로 들어서자 드디어 안개가 사라지고 날빛이 밝아온다. 마을로 가는 길목부터 초장과 유채꽃이 만발하여 엡워스로 오는 순례자들을 맞이한다. 마을 입구에 들어서자 종탑이 보이는 교회가 길목 입구를 지키고 있다. 차에서 급히 내려 교회를 잠시 살폈다. 교회 입구 안내판에는 웨슬리 기념 감리교회WESLEY MEMORIAL METHODIST CHURCH라고 적혀 있어 조심스럽게 문을 열고 들어갔다.

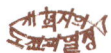

　그런데 낮인데도 교회는 매우 어둡고 조용하다. 다만 파이프 오르간과 강단 후면 스테인드글라스 만이 환한 빛을 반사 시킬 뿐이다. 바로 그때 오른편 작은 문이 확 열리고 한 여성이 들어오다 사람이 있는 것을 보고 소스라치게 놀란다. 아마 도둑인 줄 알았나 보다.
　그녀와 간단한 인사를 나누며 이곳에 찾아온 이유를 말하자, 이 교회는 1889년에 웨슬리 형제를 기념하기 위해 세운 교회라고 소개하며 이곳 엡워스에 웨슬리의 아버지 사무엘 웨슬리SAMUEL WESLEY가 40여 년 동안 봉직한 세인트 엔드류 처치가 있다며 미소짓는다.

웨슬리 기념 감리 교회

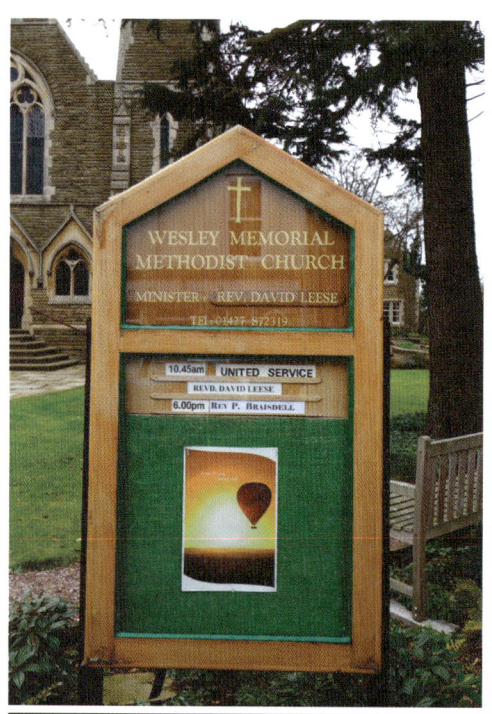

그리고 그녀는 웨슬리 일가의 생가로 가는 길을 알려 주었다. 그녀가 일러준 길을 따라 광장에 이르자 오른편 길가에 웨슬리 기념비가 발길을 멈추게 한다. 그러나 걷는 사람마저도 드문 한적한 시골이다. 다만 웨슬리가 이 자리에서 설교했다는 안내판이 지나간 역사를 증거하듯 녹슬어 가고 있다.

광장에서 멀지 않는 곳에 웨슬리 일가의 생가 THE OLD RECTORY 가 있다. 우선 입구에 있는 기념품 가게에 들어가 웨슬리에 관한 자료를 뒤적이는 사이 자원봉사자가 나타나 안내하겠다고 친절을 베푼다.

웨슬리 기념 감리 교회

Admissions
and Shop

존 웨슬리의 생가

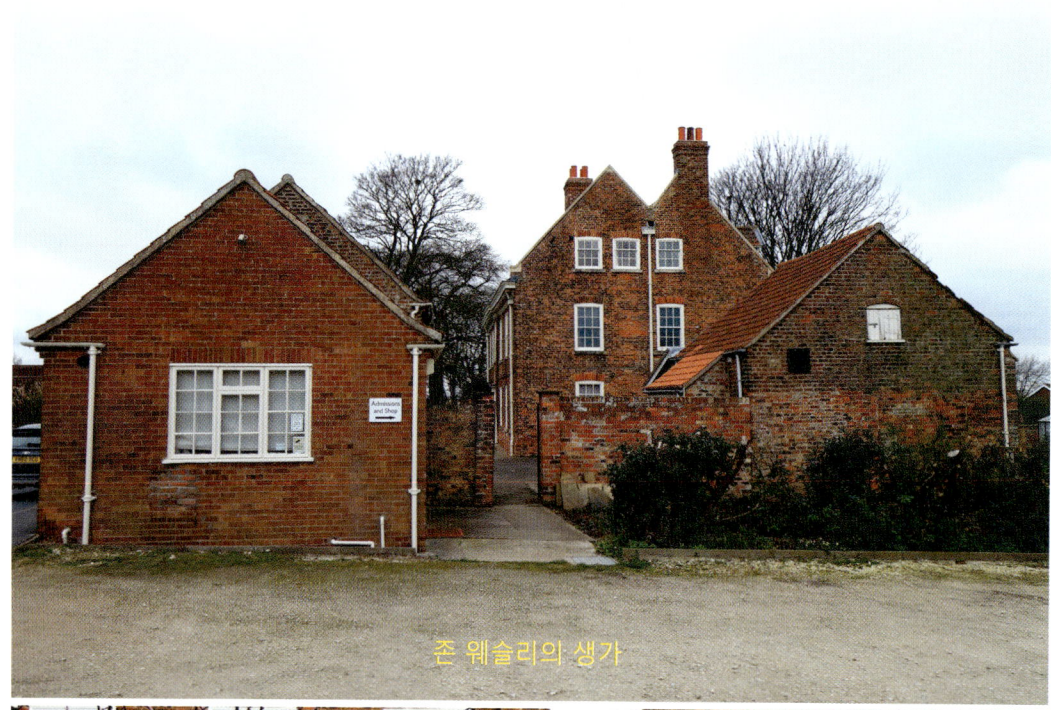

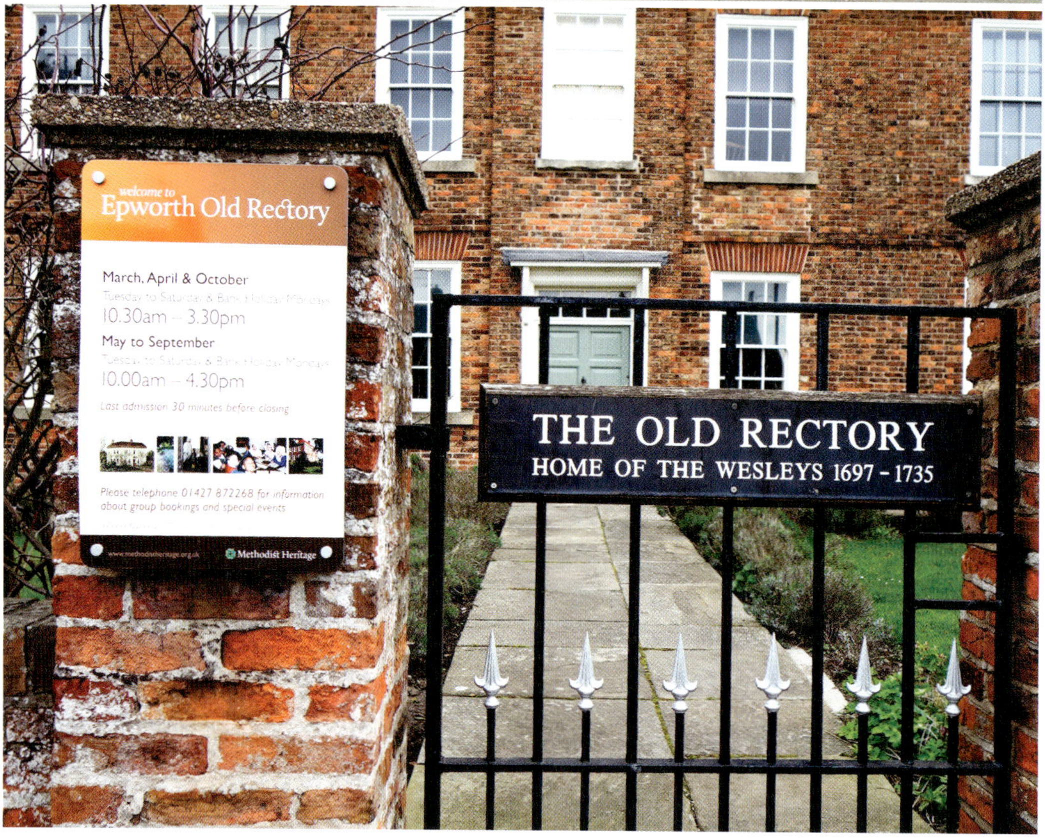
welcome to
Epworth Old Rectory
March, April & October
Tuesday to Saturday & Bank Holiday Mondays
10.30am – 3.30pm
May to September
Tuesday to Saturday & Bank Holiday Mondays
10.00am – 4.30pm
Last admission 30 minutes before closing
Please telephone 01427 872268 for information
about group bookings and special events
Methodist Heritage
THE OLD RECTORY
HOME OF THE WESLEYS 1697 - 1735

　존 웨슬리는 1703년 6월 28일 이곳에서 19남매 가운데 15번째로, 그리고 찬송시를 남긴 찰스 웨슬리는 16번째로 태어났다. 그 중 9명의 자녀들이 일찍 사망했다는 기록은 있는데 그 이유는 정확히 알 수 없다. 아버지 사무엘 웨슬리는 영국교회의 성직자였으며 어머니 수산나Susanna는 자녀들을 성경 말씀과 기도로 가르친 엄격한 가정교사였다. 무엇보다 수산나는 매일 아침 일찍 일어나 기도하였다.

　"오 주여 19명의 아이들을 낳고 돌보는 매일이 분주하고 지치지만, 부엌에서 하루 한 시간 기도하는 이 시간이 우리 아이들에게 줄 수 있는 가장 큰 축복이 되게 하시길 간절히 기도드립니다."

　이토록 자녀들을 위하여 애태우던 어머니는 아홉 자녀를 가슴에 묻어야 했으나 위대한 수산나 웨슬리는 쓰라린 아픔도 고난도 오직 믿음과 기도로 이겨냈다. 그러다 1709년 2월 9일, 한밤중 사택에 원인 모를 화재가 일어났다. 다행히 다른 가족들은 즉시 대피했으나 위층 다락방에 있던 존 웨슬리는 미처 피하지 못했다. 그는 이층 창문을 열고 "사람 살리라."고 소리쳤으나 집안은 벌써 불길이 쌓여 누구도 들어갈 수가 없었다. 그때 급히 달려온 교우들과 이웃들의 도움으로 창 밑으로 무등을 타고 내려왔다. 그 순간 불길을 견디지 못한 천정이 무너져 내렸다. 그때 존 웨슬리의 나이 다섯 살이었다. 화재 후 1714년 존 웨슬리는 런던으로 이주하여 차터하우스 학교 Charterhous School란 공립 학교에 입학하였다.

위대한 어머니 수산나

6년이 지난 1720년 옥스포드 대학 크라이스트 처치 칼리지에서 역사와 문화 그리고 신학 과정을 모두 마쳤다. 이어 1725년 옥스포드의 주교 존 포터John Potter의 서품성사 집전 부제副題 deacon로 서품을 받아 사역자가 되었다. 다음 해 1726년 3월, 링컨 칼리지의 연구원으로 임명되어 옥스포드에 머물게 되었다. 후에 친구 같은 동생 찰스 웨슬리와 함께 거룩한

모임Holy Club이란 조직을 만들었다.

찰스가 주도한 Holy Club은 성경 연구 뿐 만 아니라 조직적이며 규칙적인 신앙생활의 본이 되었으며 옥에 갇히거나 병든 자들을 돌보는 일을 우선하였다. 이러한 일들이 영국교회에 확산하여 규칙적이란 감리교회Methodist가 창설되었다. 한국 감리교회의 속회는 영국감리교회의 Holy Club에서 기인한 것이다.

웨슬리 형제

조 웨슬리에 의해 건축(1870년). 1946년 제 1차 유엔 총회가 열린 감리교 총본부 중앙홀

켄터베리 대주교 **토마스 크랜머**
Thomas Cranmer(1489 – 1556)
그는 참으로 하나님의 아들이었다

EPWORTH에서 잠시 동안 햇빛이 보이더니 옥스포드에 이르기까지 하늘빛은 구름 속에 숨어버려 초저녁인데도 사람들의 발길이 드물다. 예약된 숙소에 도착하자 이 선교사가 어디론가 전화를 건다. 몇 마디 주고받더니, 혹시 마원석이라는 분을 아는지 물어본다. 사실 처음 듣는 이름이다. 그렇다면 마원석 교수님을 먼저 뵙고 런던으로 가자고 했다. 다음날 간단한 아침 식사를 마치고, 마 교수의 근무처를 찾아갔다. 그런데 그곳은 다름 아닌 영국교회다.

문밖에서 초인종을 누르자 한 여성이 나와, 마원석 교수를 만나기로 했다고 하니 즉시 그의 집무실로 안내해 준다. 마 교수를 만난 이 선교사가 반가운 미소로 인사를 나눈 후 적절히 필자를 소개하자 마 교수가 "혹시 크랜머를 아십니까?" 하고 조심스럽게 묻는다.

솔직히 처음 듣는 이름이라 "잘 모르겠다."라고 대답하니, 마 교수는 잠시 머뭇거리다가 크랜머라는 대주교가 "예수님은 하나님의 아들."이라 고백하고 화형장의 불길 속으로 자신의 몸을 던졌던 그 자리가 바로 옥스포드에 있다고 소개를 한다. 마교수는 최근 새롭게 발간된 책 한 권을 보여주며 캔터베리 대주교 토마스 크랜머THOMAS CRANMER에 관한 내용을 간단히 소개해 주었다. 그리고 당시의 화형장으로 가는 길을 그려주며 자세히 일러 주었다.

이야기를 마친 후, 잠시 교회를 둘러보았다. 그곳은 예배 처소보다는 각종 서적으로 둘러싸인 도서관이다. 저기 어두컴컴한 한 편에 누군가 열심히 책을 읽고 있다. 알고 보니 성도가 없어 교회를 유지할 수 없었던 교회를 몇 사람들이 주선하여 사서 옥스포드 선교 전문대학원(OCMS)을 설립하고 목회자들의 보수교육을 통해 인재를 육성하는 학교로, 마원석 박사가 학장으로 봉직하고 있다. 실로 영국 교회가 점차 무너져 가는 사실을 또 한 번 실감했다. 어쩐지 마음이 씁쓸하다. 그러나 마 교수가 신학적 요람으로 세운 선교학교 그리고 캔터베리 대주교 크랜머를 알았으며 크랜머가 온몸을 불사르게 내주었던 순교의 흔적을 찾게 된 것, 역시 성령의 인도하심이라 생각하니 참으로 감사한 마음 금할 수 없다.

옥스포드 선교전문 대학원

그가 일러준 순교의 현장을 찾아 나서는 사이, 먹구름은 마치 검은 연기처럼 하늘을 덮고 있어 빛없는 초저녁 같았다. 그러다 잠시 햇빛이 나타나 시야를 밝혀준다. 이토록 어둠과 빛이 몇 차례 반복되는 사이 마교수가 일러준 순교의 기념비를 사진에 담기 위하여 뒷걸음치다가 넘어지기도 했다.

무엇보다 순교 기념탑이 서 있는 곳에 이르니 태양은 검은 구름 속으로 거의 사라져 버렸으니, 아마 사탄의 방해인가 하는 생각이 들 정도다. 그래도 한 컷 챙기고 화형장이 있었던 길로 들어섰다. 그러자 어둠이 점점 사라지고 햇살이 다시 살아나기 시작했다. 어쩌면 대주교 크랜머의 심사를 하늘에서 빛과 어두움으로 보여주기 위함이 아니었나 싶다.

드디어 순교의 현장에 들어왔다. 그런데 눈에 들어오는 순교자의 형상은 없고 다만 대로 중앙에 검은 돌

판으로 만든 십자가 모양과 길가 건물 벽에 'Hugh Latimer / Nicholas Ridley / Thomas Cranmer.1555 and 1556' 라고 기록된 돌판이 박혀있다.

이토록 위대한 순교자들의 흔적을 왜 이렇게만 해두었을까! 하는 아쉬운 마음에 증명사진 몇 장으로 위로를 삼았다. 바로 그 순간 갑자기 경찰들이 누군가를 강압적으로 덮쳐 체포하는 일이 벌어졌다. 이전에 필자가 영국에 남아있는 순교자들의 흔적을 순례하겠다 하니 영국에서도 테러가 있을 거라는 경고가 있다 하며 조심하라는 당부를 지인들에게서 받았던 생각이 났다. 어쩌면 방금 일어난 사건이 테러가 아닌가 생각이 든다. 만약 그 자리에서 어떤 폭발물이 터졌더라면 필자 역시 순교자의 대열에 끼었을 것이다. 그 자리를 떠나면서 사진 몇 장 더 챙기고 런던으로 떠났다.

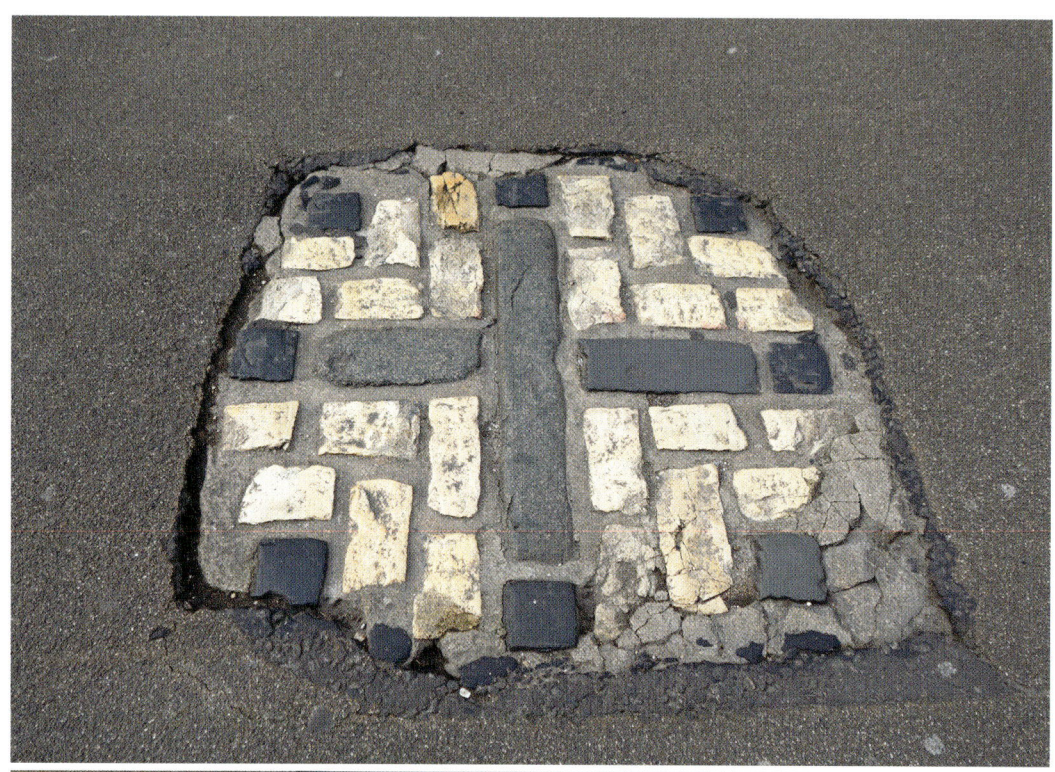

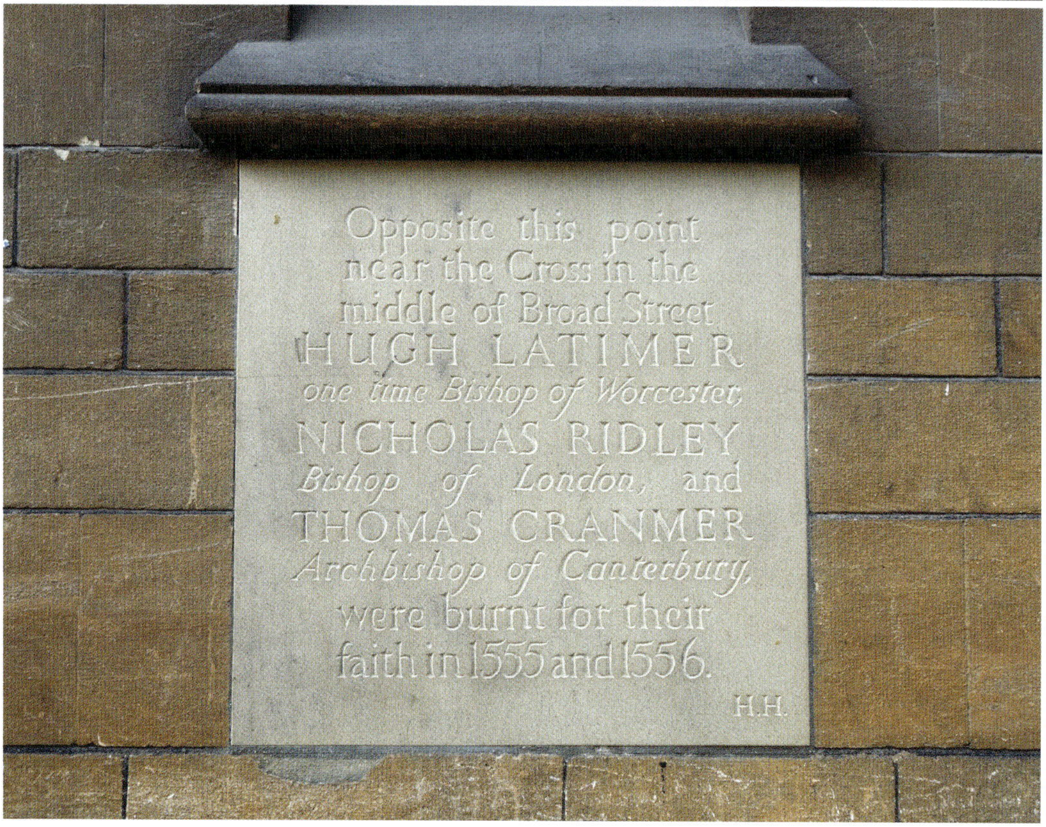
Opposite this point
near the Cross in the
middle of Broad Street
HUGH LATIMER
one time Bishop of Worcester,
NICHOLAS RIDLEY
Bishop of London, and
THOMAS CRANMER
Archbishop of Canterbury,
were burnt for their
faith in 1555 and 1556.
H.H.

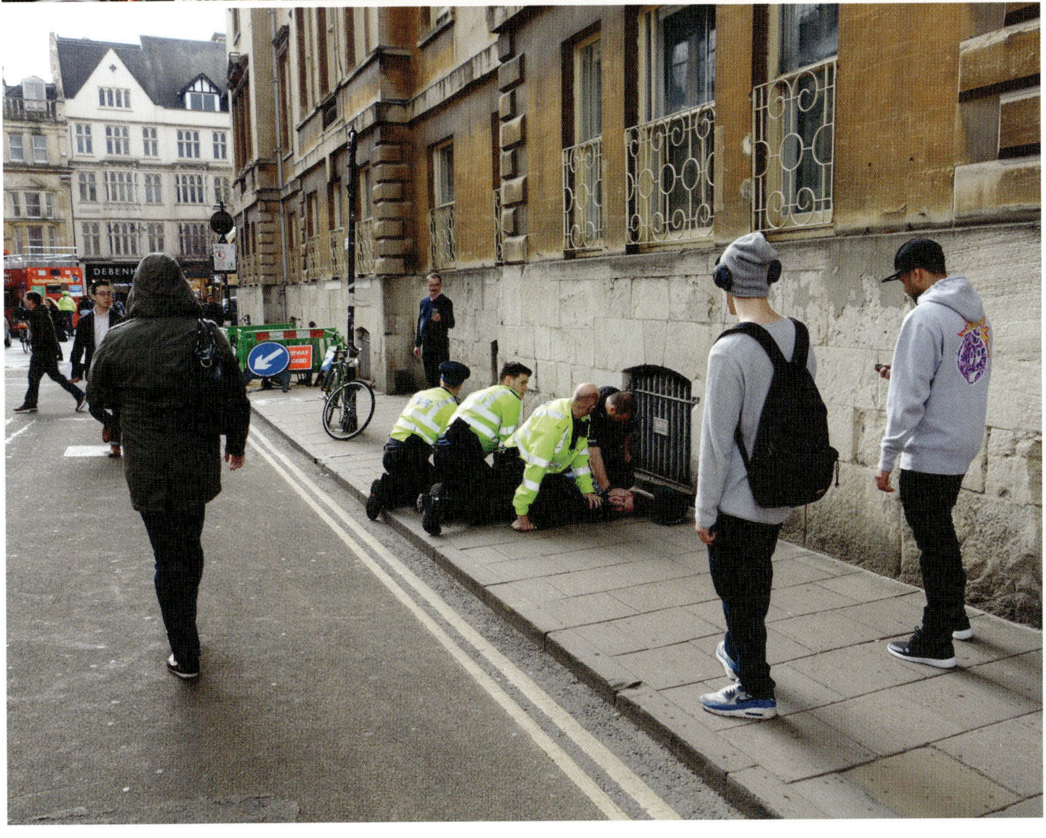

순교 기념탑

아일랜드 영주에서 영국 국왕이 된 헨리 8세는 여섯 명의 여자와 결혼하였다. 그중 자신의 친형인 아서 튜더가 사망하자 그의 형수이며 왕비였던 아라곤 캐서린Catherine 과 정략적인 결혼을 하였다. 캐서린은 스페인 출신이었지만 그들의 결혼생활은 비교적 무난했다. 그러나 캐서린이 20년 동안 아들을 낳지 못하자 결국 왕비의 자리에서 물러나게 된다. 그러자 국왕 헨리는 캐서린의 궁녀였던 앤 볼린Anne Boleyn을 사랑하여 그녀와 결혼하기 위하여 교황 클레멘스 7세에게 결혼 허락을 요청하였다. 그러나 교황은 캐서린과의 결혼 문제로 앤 볼린과의 결혼을 허락하지 않았다. 게다가

Henry VIII.
1492. 6. 28 - 1547. 1. 28
재위 1509. 4.22 - 1547. 1. 28

교황은 그의 로마교회에 대한 영국교회의 감독권마저 박탈해 버렸다. 일이 그렇게 되자 국왕은 차라리 로마 가톨릭교회에서 갈라서기로 하고 크랜버리 대주교인 크랜머와 함께 영국 국교회(성공회聖公會 Anglicanism, Episcopal Church)를 신설하게 된다. 말하자면 영국에서도 종교개혁이 일어난 것이다. 그로 인해 교황과 결별하고 자유를 얻은 헨리는 앤 볼린과 결혼할 수 있었다. 꿈 같은 결혼생활 3년 동안 아들 낳기를 고대한 앤Anne 은 아들을 낳지 못하고 딸만 낳았다는 이유로 런던탑의 경내에 갇히게 되었고, 결국 단두대의 이슬로 사라진 비운의 왕비가 되었다(1536. 5. 19).

그 후 영국 국교회는 로마 교회의 정치나 조직까지 개혁한 것은 아니고 가톨릭교회의 장점만을 선택하여 영국교회에 접목했다. 그때문에 새롭게 태어난 영국 국교회의 교리와 예배는 개신교적 교리와 더불어 가톨릭교회의 미사와 혼합되었다고 볼 수 있다. 이에 따라 마리아보다 예수가 유일한 하나님의 아들이며 구세주라고 말한다. 이전에 크랜머 대 주교는 기도서를 만들어 성도들이 아침저녁에 읽게 하였다. 그러나 로마 교회는 영국 국교회를 인정하지 않고 핍박하기 시작하였다. 급기야 로마 가톨릭교회의 신자였으며 영국 최초의 여왕인 메리Mary는 대주교 크랜머에게 로마교회로 환원하라고 명령하였다. 그러나 크랜머 대주교는 확실히 거부하고, 예수가 하나님의 아들이란 진리를 제대로 기록하거나 가르치지 못한 죄를 고백한 후 맹렬히 불타는 화염 속으로 몸을 던져 개혁의 불씨를 남겨 놓고 주님 품에 안겼다.

구원의 길을 찾는 순례자

웨슬리 & 존 번연

런던에 도착하자 기다렸다는 듯이 우리를 반기는 지선교사. 그는 마치 보혜사 처럼 내 곁에서 순례의 길을 안내하였다. 그를 따라 웨슬리 기념교회로 가는 도중 다시 이슬비가 이마를 적신다. 그러다 잠시 하늘빛이 보이다가 또 이슬비가 내린다. 이토록 변덕을 부리는 날씨 때문에 영국 신사들은 지팡이 같은 우산을 가지고 다닌다고 한다.

현장에 도착하자 잔 비는 그치고 밝은 햇빛이 교회 앞마당 입구에 쏟아지고 있다. 마당에는 웨슬의 입상이 순례객을 반긴다. 교회 문을 열고 들어서자 곱게 나이 든 안내자가 반갑게 인사하며 친절을 베푼다. 무엇보다 이 교회는 한국교회와 관계가 있다 하며 미소를 짓는다. 그녀의 자세한 안내를 받고 웨슬리의 흔적이 있다는 이층으로 올라갔다. 사실 웨슬리의 흔적은 영국 전역에 산재해 있으며 전시된 유품은 거의 대동소이 하다.

WELCOME TO
WESLEY'S CHAPEL
John Wesley's House and The Museum of Methodism

Discover John Wesley's story and the history of Methodism | **Admission free to visitors** | **Find out more**

Encounter Wesley's Chapel, built by John Wesley in 1778, and home to a thriving international congregation of Christian believers.

Explore John Wesley's home and see many of his personal books, belongings and scientific instruments.

Visit the Museum of Methodism which tells the Methodist story from the 18th century to the present day.

Reflect by John Wesley's grave and memorial site in the peaceful chapel garden.

The chapel, museum and house are open daily with FREE admission

Monday to Saturday
10:00 – 16:00
Closed on bank holidays except for chapel services
Last entry 30 minutes before closing

Sunday
12:00 – 14:00
Open after the service

Did you know...
There are over 100 amazing historic houses, monuments and chapels across the UK where you can find out more about Methodism's vibrant past, and see how it speaks with relevance to today's world.
methodistheritage.org.uk

wesleyschapel.org.uk
Registered charity no: 1137321

The **Methodist** Church

...DISM
...st movement from the 18th century until today

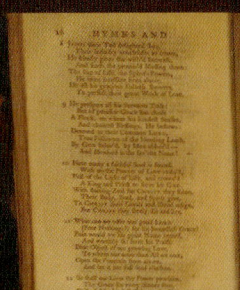 

1791

...84	1791	1812-14	1818	1881	1932	1933	1984	1989
...sley begins ...rdain ...isters ...America	John Wesley dies at City Road (Wesley's Chapel)	First Methodist missions in Australia and Asia (Ceylon)	First meeting of the Wesleyan Methodist Missionary Society	First Ecumenical Methodist Conference, forerunner to The World Methodist Conference	Wesleyan, Primitive and United Methodist Churches join as single Methodist Church	New Methodist Hymn Book is published	Museum of Methodism opens to the public	Wesley's Chapel City Road and the Leysian Mission unite

John Wesley

웨슬리 기념교회

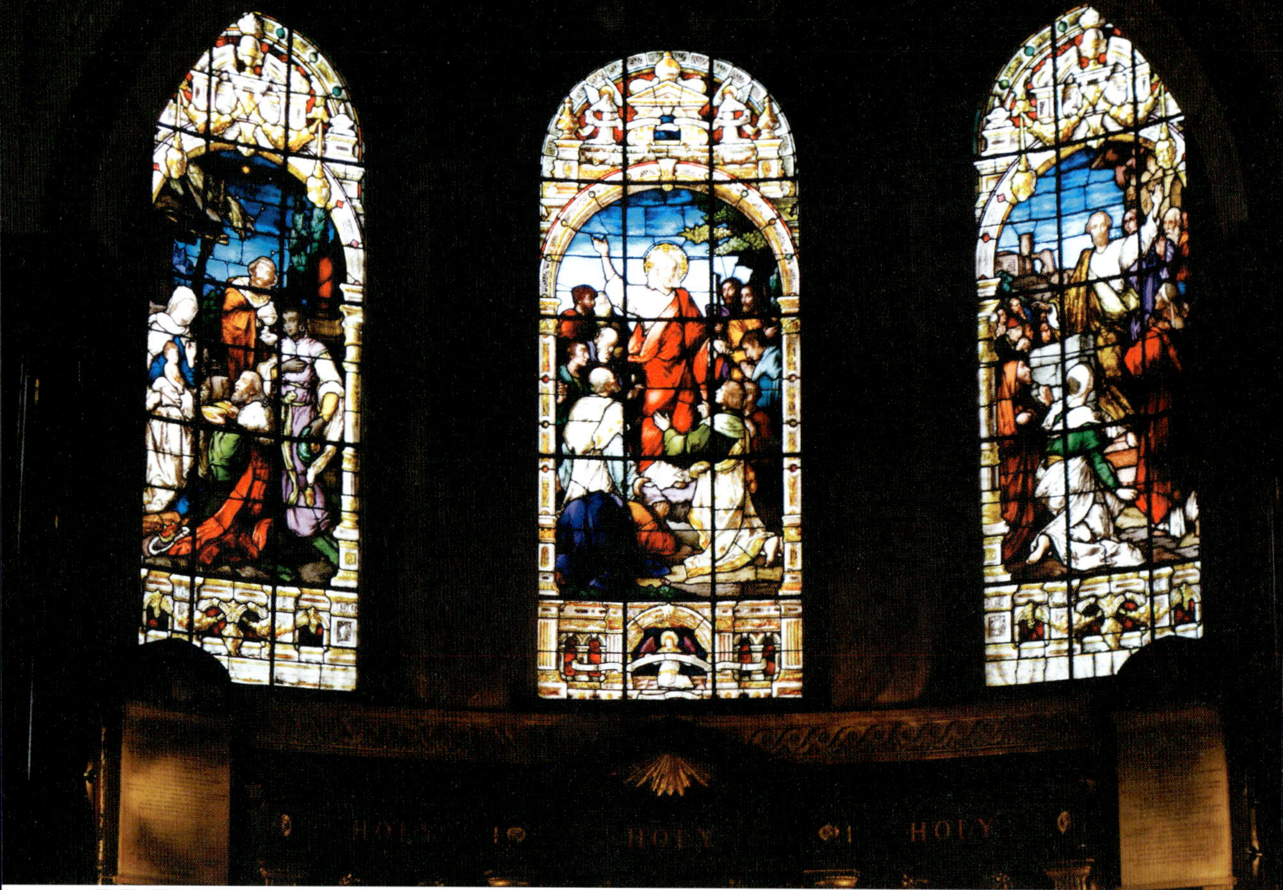
HOLY
HOLY
HOLY

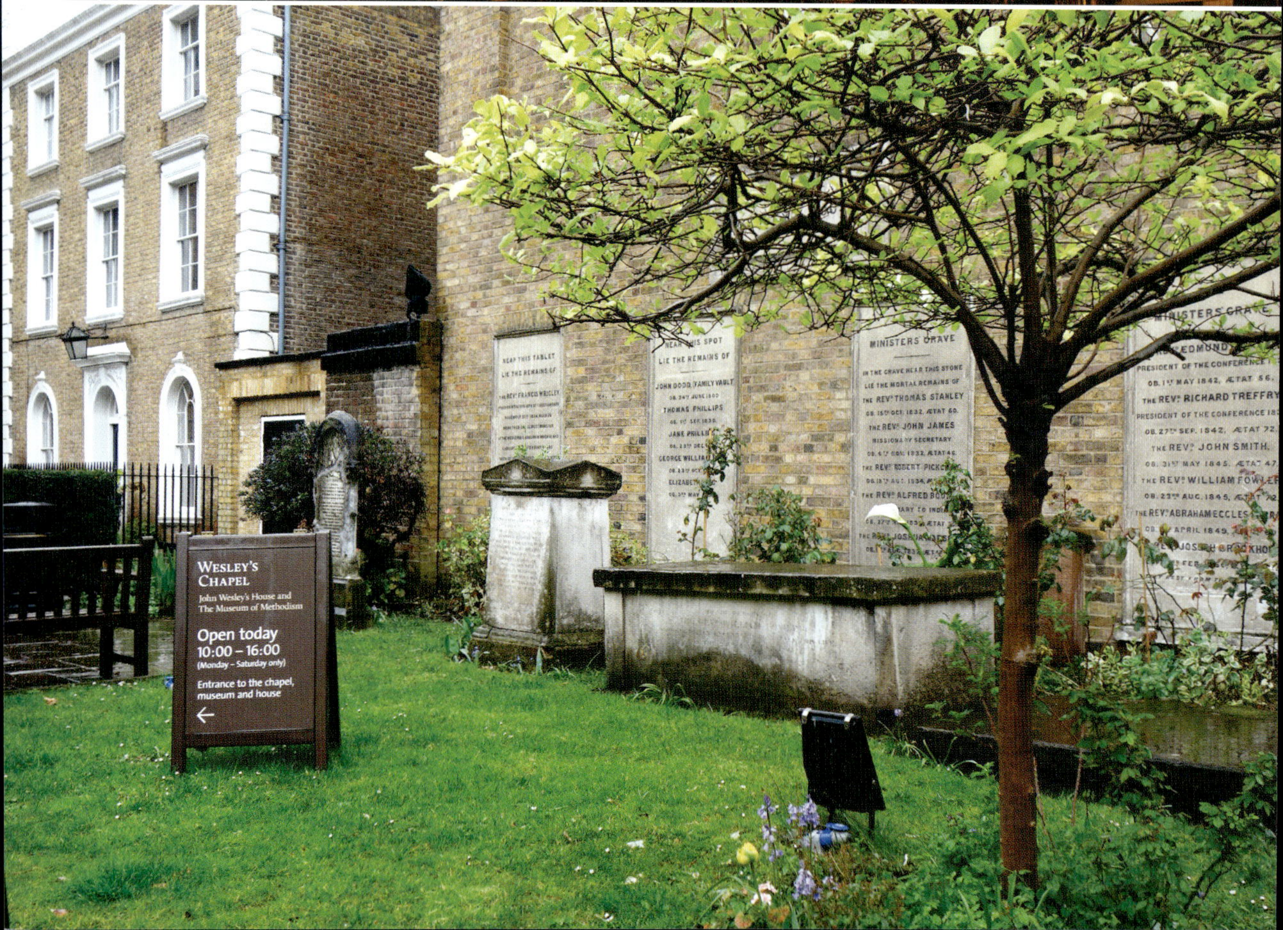
WESLEY'S CHAPEL
John Wesley's House and The Museum of Methodism
Open today
10:00 – 16:00
(Monday – Saturday only)
Entrance to the chapel, museum and house
MINISTERS GRAVE
THE REV. THOMAS STANLEY
THE REV. JOHN JAMES
THE REV. RICHARD TREFFRY
THE REV. JOHN SMITH.
THE REV. WILLIAM FOWLER

웨슬리 기념교회 앞길 건너 성공회의 무덤인 번힐 필드bunhill field에는 천로역정의 저자 존 번연John Bunyan이 잠들어 있고 웨슬리의 모친 수산나 여사도 역시 이곳에 잠들어있다. 그런데 수산나 묘비에 상처가 생겨 지금은 볼 수 없다고 한다. 먼 길을 순례하며 이곳까지 왔는데 아쉽지만, 그냥 돌아설 수 밖에 없었다.

'언제쯤 다시 오면 수산나를 만나볼 수 있을까?' 생각했지만 일러줄 사람은 아무도 없이 이슬비만 내린다. 존 번연이 잠들어있는 묘소를 찾아보자 하고 이리저리 살펴보았다. 그러다 묘비들 가운데 제법 넉넉한 하얀 대리석 묘비가 있어 가까이 가보니 그게 바로 번연의 묘였다. 묘관의 상면에는 번연이 누워있고 사면 벽면에는 고난과 역경의 무거운 짐을 등에 지고 구원의 길을 찾는 순례자의 모습을 양각으로 새겨 놓았다. 묘비를 천천히 돌아보는 사이 '누더기를 입고 무거운 짐을 지고 가는 순례자가 바로 나 자신이 아닌가!' 하는 생각마저도 이슬비에 젖는다.

생전의 번연 역시 로마 가톨릭교회를 철저하게 비판하며 평신도 개혁자로 활동하였으나 영국 성공회의 허락 없이 전도했다는 이유로 12년간이나 어둡고 캄캄한 감옥생활을 하게 된다. 그간 전도를 받았던 사람들이 연이어 감옥엘 찾아 들었고 특별히 어린 아이들이 찾아오는 것에 위로받고 소망을 품었다. 그리고 그는 감옥생활에서도 복음은 이어져야 한다는 생각으로 글을 쓰기 시작했다.

그때 일기처럼 쓴 글이 바로 천로역정이다. 이 책은 금방 세상에 알려져 성경 다음으로 많이 읽히는 베스트셀러가 되었다. 그뿐만 아니라 그림책으로, 비디오로도 제작되었고 뮤지컬로도 공연되어 개신교 신앙을 가진 모든 이들의 사랑을 받고 있다.

VHS로 제작된 천로역정　　　　　　　　　　존 번연

존 번연의 무덤

칼레의 시민과 지옥의 문

덤으로 순례하는 특별한 배려

이제는 다시 도버 해협을 건너 칼빈의 생가가 있는 노용으로 향한 순례의 길이다. 몇 분이 지나자 페리는 프랑스 칼레 항구에 입항했다. 그때 동행하고 있는 이 선교사가 "기왕 칼레를 지나갈 터인데 칼레 시市를 들렸다 가면 어떻겠느냐?" 고 했다. 그때만 해도 칼레에 무엇이 있고 무슨 의미가 있는지 전혀 몰랐다. 다만 이 선교사가 제안한 것에 감사하며 지방 길로 들어서서 2~30분, 비교적 한가한 시가지를 지나자 한적한 들판에 붉고 화려한 건물 한 채가 서 있다.

그 건물이 바로 칼레 시청이라고 한다. 그리고 시청 앞, 잘 가꾸어진 정원 중앙에 검게 녹슨 조각상이 있다. 호기심을 갖고 조각상으로 가는 길옆에 칼레를 소개하는 안내판이 방문객을 기다리고 있다. 간단한 안내문의 기록에는 이 작품에 나타난 여섯 명의 이름을 기록해 놓았다.

여러 해를 지난 훗날, 이 청동 조각상을 제작한 로댕Rodin은 〈칼레의 시민〉이라 명했다. 그런데 그 조각상에는 낡은 누더기를 걸치고 밧줄을 몸에 감고, 시청 열쇠를 든 칼레 시민들이 좌절과 절망에 빠진 처절한 모습들이 살아있는 듯 잘 조각되어 있다.

기록에 의하면, 지난 14세기 영국과 프랑스는 무려 100년 전쟁이란 지루한 전투가 있었다. 그 100년 전쟁중에 영국 왕 에드워드 3세(1346. 8. 26)의 군대는 크레시 전투에서 승리한 후, 프랑스의 칼레를 포위했다. 포위된 칼레 시민들은 거의 1년 가까이 가난과 질병 그리고 고난을 버티지 못하고 결국 항복할 수 밖에 없었다. 이제 칼레의 운명은 에드워드의 제물이 되어 약탈과 죽음을 당할 수 밖에 없었다. 그러자 칼레 시의 죽음과 파멸을 예상한 에드워드 왕비가 남편에게 더 이상 약탈과 살인을 하지 말라고 간청하였다. 그때 왕비는 임신 중이었다. 그 말을 들은 에드워드는, "항복하는 조건으로 칼레를 대표하는 여섯 명을 선택하여 보내라. 그리하면 그들만 칼레의 시민을 대신하여 처형하고 나머지 시민의 생명은 보장하겠다."고 했다.

그 소식을 들은 칼레 시민들은 광장에 모여 "아니 누가 죽으려고 자청하겠나" 하며 혼란과 좌절에 빠졌다. 그러나 여섯 명의 희생자만 있다면 모두가 살 수 있다. 바로 그 절박한 순간에 "내

노블레스 오블리주Noblesse Oblige
항복의 표시로 자신들의 목숨과 함께 들고 갔던 칼레 시청 열쇠

프랑스 칼레 시청의 청동 조각상 <칼레의 시민>

가 그 여섯 명 중의 한 사람이 되겠소." 하고 나선 사람이 있었다. 다름 아닌 와이슈타체 피에로 Eustache de Saint Pierre! 칼레에서 가장 부유한 사람인 그가 조용히 일어섰다. 그리고 "자 용감한 칼레의 시민들이여 나오라" 하고 외치자, 칼레의 시장과 그의 아들 그리고 상인과 지도자들이 뒤따라 일어섰다. 사실 그들 모두는 칼레의 지도자요 부유한 귀족들이다.

다음날, 교수대 앞으로 다가서는 무거운 발길. 그러나 칼레와 시민들의 생명을 구하기 위한 위대한 희생의 선택이다. 그러나 항복의 조건이었던 여섯 명이 자청하여 목숨을 내놓았다는 소식을 들은 에드워드는 사형을 즉각 멈추라고 명령한다. 그리고 칼레는 1년 가까이의 굶주림과 질병에서 자유를 얻게 되었다. 그때의 그 순간을 칼레 시민들의 승리라고 역사가들은 평가한다.

오늘날에도 국가나 사회의 지도자들은 그만한 도덕적 책임이 있다 해서 노블레스 오블리주 Noblesse Oblige(명예와 의무) 라고 말한다. 개혁자의 도전과 열정을 알리고 싶은 마음으로 그들의 흔적을 찾아 순례하는 동안 검게 녹슨채로 시청앞 광장에 우뚝 서 있던 청동 조각상이 준 감동으로 순례자의 마음이 더욱 숙연해졌다. 이 시대에도 이런 정신을 가진 지도자가 있는가 자문해 본다. 칼레의 시민들과 개혁자들은 부활 신앙이 있었기에 이와 같은 열정과 용기를 가졌으리라! 만약 이 선교사의 제안이 없었더라면 이토록 감동적인 이야기를 어디서 들을 수 있었겠는가.

로댕의 작품인 〈칼레의 시민〉상에 깊은 감명을 받는 나의 모습을 보고 이선교사는 로댕의 작품에 〈생각하는 사람〉이 있는데 그 작품 하나로 보면 인간의 고뇌를 고민하는 사람이라고만 생각했는데 스위스에 있는 로댕의 또 다른 작품 〈지옥의 문〉에 그려진 사람의 생각은 지옥이라는 불멸의 고통을 고민하고 있다며 나에게 순례할 것을 제안했다.

어찌 마다하겠는가? 그날의 순례 일정을 마친 후 다시 스위스 취리히로 가서 국립미술관 입구의 〈지옥의 문〉을 보는 순간 그 거대한 위용과 적나라하게 묘사해 놓은 지옥의 모습에 나는 온몸에 전율이 흐르는 듯 꼼짝을 할 수가 없었다.

로댕 Auguste Rodin/1840-1917의 거작 〈칼레의 시민〉과 〈지옥의 문〉은 단순한 작품이 아닌 인간의 의지와 지성을 몸으로 느낄 수 있도록 고민한 예술 작품이다.

과연 인간은 무엇을 그렇게 골똘히 생각하고 있을까! 그것은 지옥의 참상이다.

그러나 복음에는 불멸의 고통보다 영생의 길이 있다는 것을 성경에 기록해 놓았다.

너희는 마음에 근심하지 말라 하나님을 믿으니 또 나를 믿으라(요한복음 14:1)

<지옥의 문> 생각하는 사람

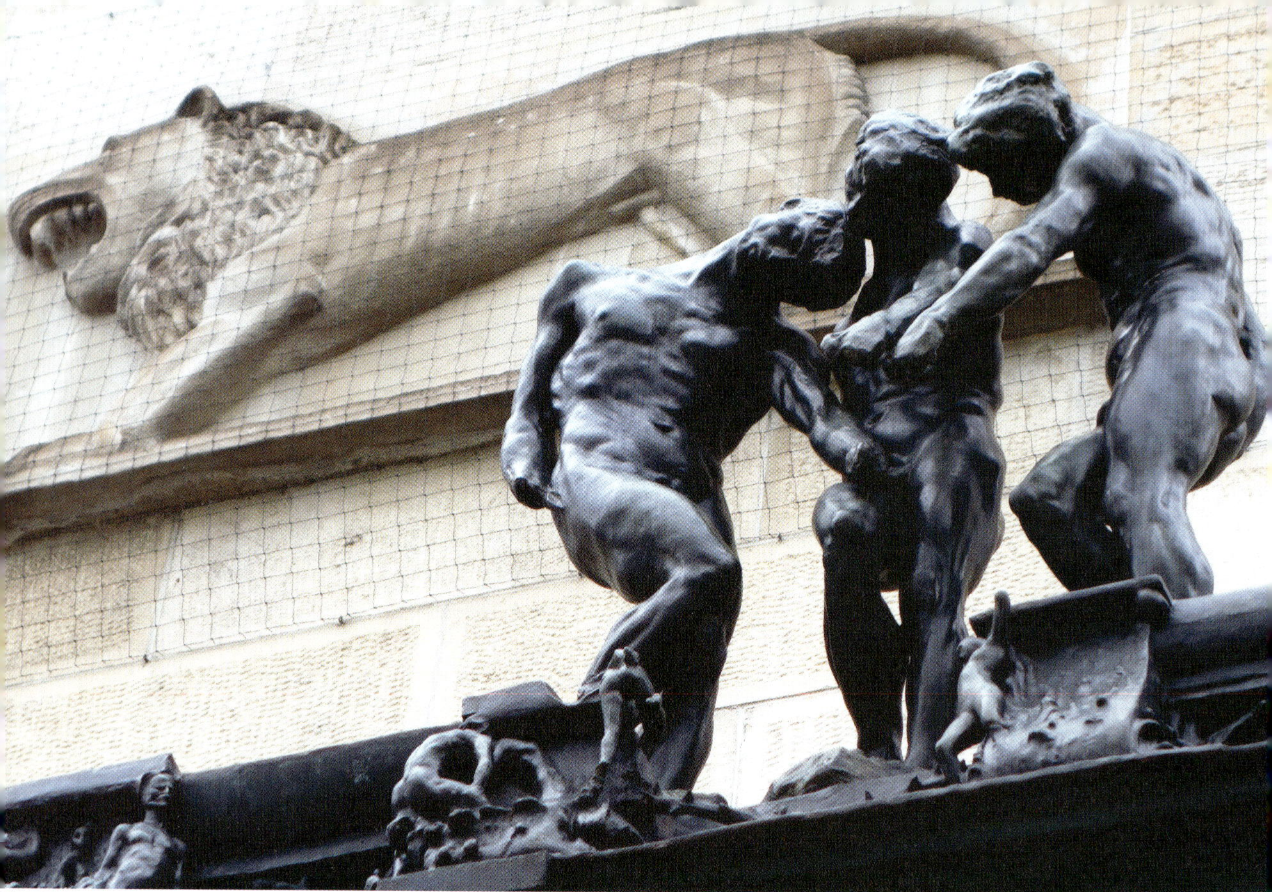

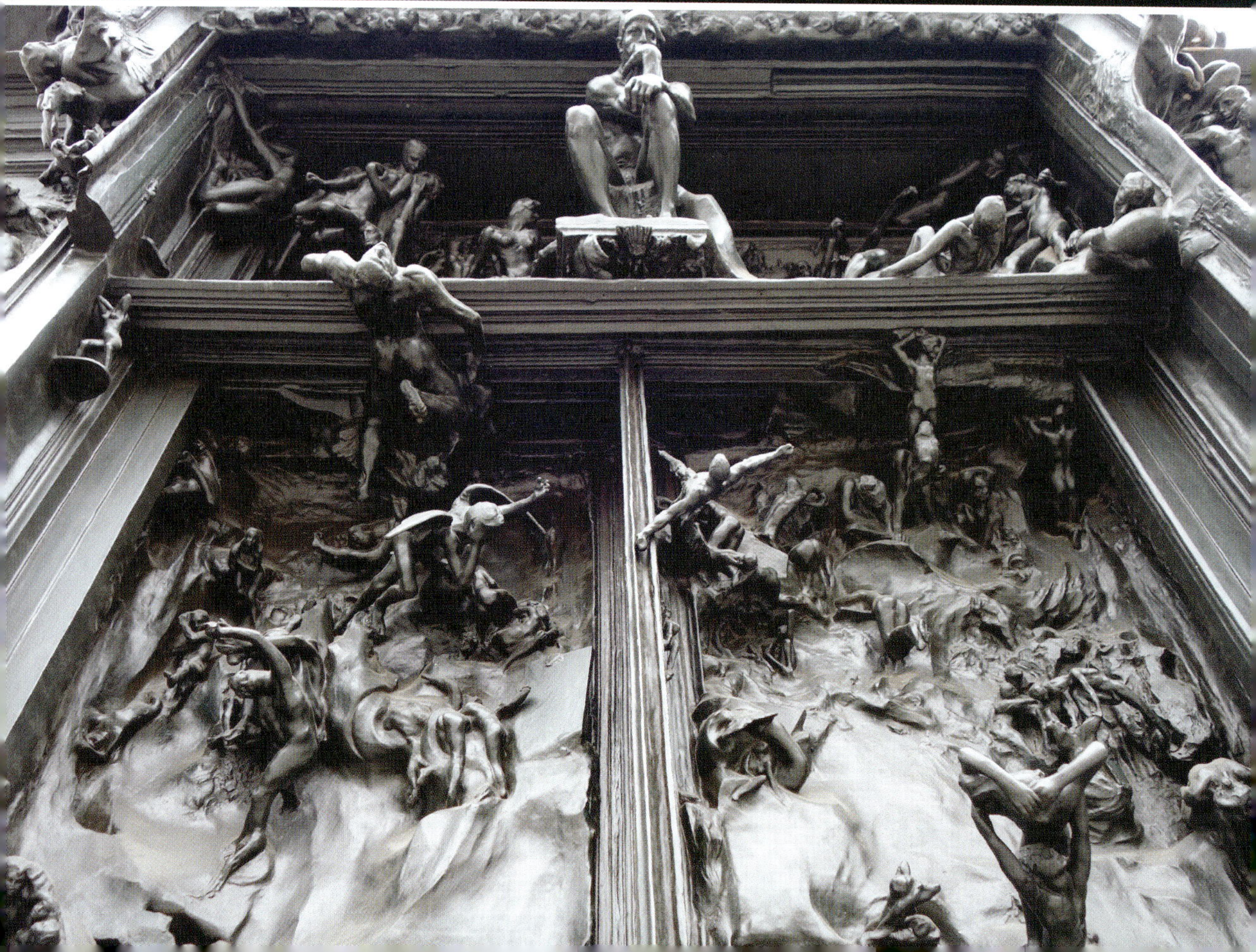

로댕의 <지옥의 문>

지롤라모 사보나롤라

Girolamo Savonarola(1452. 9. 21 – 1498. 5. 23)

피렌체의 시민운동가

지난 2015년에 피렌체를 여행할 기회가 있었다. 혹시나 하고 시뇨리아 광장과 우피치 미술관에 들어가 어떤 개혁자의 흔적이 있는가 눈여겨 살펴보았으나 찾기 어려웠고 다만 르네상스 Reniassance(문예부흥) 시대의 조각과 미술품들이 발길을 느리게 한다. 무엇보다 전시관 홀 중앙에 있는 미켈란젤로의 다윗상이 관람객들을 반긴다.

가볍게 증명사진 몇 장 남기고 이제는 본격적으로 전시관을 두루 살펴보았다. 전시된 그림마다 우리가 잘 아는 화가들의 이름들이(미켈란젤로, 레오나르도 다빈치, 라파엘) 새겨져 있는데 주로 예수그리스도의 생애를 그린 성화이다. 그중 예수께서 "도마에게 이르시되 네 손가락을 이리 내밀어 내 손을 보고 네 손을 내밀어 내 옆구리에 넣어보라 그리하고 믿음 없는 자가 되지 말고 믿는 자가 되라"(요20:27) 말씀하신 그 그림. 그 앞에 선 내 모습, 발목에 힘을 주어 자화상을 그려본다. 나 또한 믿는 자인가, 참으로 믿는 자인가? 그 때 주님의 그 말씀이 귓전에 맴돈다.

장내 안내판을 따라 두루 살피다 밖으로 나왔다. 아직도 관람객들의 줄서기는 끝이 없다. 다행히 동행한 11개월 된 손녀 때문에 줄서지 아니하고 두오모 성당(산타 마리아 델 피에로)으로 입

미켈란젤로의 다윗상

장 할 수 있었다. 성당의 장식은 비교적 수수하지만 화려한 성당의 천장화가 고개를 아프게 한다. 하지만 나의 관심은 순교자의 흔적이다. 그래서 사라진 역사의 흔적이 있다 하는 지하로 내려가 보았지만, 그곳에도 이 고장 출신이었던 사보나롤라의 흔적은 찾을 수 없었다. 다시 세뇨리아 광장으로 나왔다.

밀려든 사람들 사이를 지나 메디치 가문의 기마상과 성 요한 세례장의 입구를 장식한 기베르티의 작품 〈천국의 문〉 앞에 섰다. 그 순간 먼저 주님의 품에 잠든 어린 딸 혜경이가 생각난다. 숨이 멎은 아기를 품에 안고 불렀던 찬송, '천국에서 만나보자 그날 아침 거기서…'을 마음속으로 읊조리다 미켈란젤로의 광장을 향하여 나지막한 앞산 언덕으로 올랐다. 눈 앞에 펼쳐진 피렌체는 강줄기에서 자란 붉은 장미꽃처럼 화사하고 따스한 한 폭의 그림이다. 거기에는 르네상스의 중심인 두오모 성당, 베키오 궁 그리고 산타마리아 노벨라 성당이 숨 쉬고 있다.

피렌체에서는 순교자들의 흔적을 찾지 못했으나 다음 해 독일 보름스 루터 공원 Das Lutherdenkmal in Worms을 순례하니 종교개혁에 목숨을 바친 여러 순교자의 동상을 볼 수 있었다. 그들 하나 하나를 기억하며 가슴에 새겼다. 그중 귀족들의 부패를 신랄하게 비판하고 교회와 사회 개혁

메디치 가문의 기마상

메디치 가문 Medich Family 부와 권력의 상징인 가문의 족장 조반니 디 비치(Medich de Bicci 1360-1429)는 귀족이 아닌 평민 출신의 은행가였다. 그때 평민들과 귀족들 사이에 불화가 있자 비치는 평민들의 입장에서 그들의 권익을 위하는 일에 앞장섰다. 그로 인하여 비치의 지지도는 날로 높아졌으며 그 소식이 세상에 널리 알려지게 됨으로써 그의 금융업은 유럽 전역으로 확대되고 호황을 누리게 된다. 그러자 그는 막대한 부와 재물의 힘으로 정계에 입문하여 피렌체 공화국의 최고 행정관으로 임명된다. 이어 귀족에게 유리한 세금 제도를 폐지하고 평민들의 입장에 맞는 세금 제도를 도입하였다. 또한 그가 가진 돈과 재물을 공화국에 기부하는 권세 있는 귀족이 되었다. 그 후 그의 아들 코시모 메디치가 가문을 이끌어 오다 수많은 우여곡절을 겪었다. 그래도 가문의 꿈인 문예 부흥 곧 르네상스의 꽃밭을 이루고 천재 예술가라 칭하는 레오나르도 다빈치, 미켈란젤로, 라파엘, 도나첼로, 프라 안제리코, 기베르티 브르넬레스키 그리고 도나텔로와 무명의 예술가까지 후원하여 르네상스의 꽃을 활짝 피웠다. 300년 세월이 흐른 1737년 7월 9일 쟌 카스토네(Gian Gistone de Medich) 대공의 사망에 따라 그토록 화려했던 메디치 가문의 혈통도 막을 내렸다.

세뇨리아 광장

운동을 외쳤던 사보나롤라와 눈이 마주쳤다. 그리하여 자료를 찾아 그를 회고하며 그의 발자취를 따라 기록하였다.

　피렌체 출신인 사보나롤라는 도미니크Dominique 수도원을 거쳐 피렌체의 성 마르코 San Marco 수도원 원장으로 부임한 수도사였다. 그는 히브리어와 헬라어 성경을 읽고 로마교회의 부패와 귀족들의 사치를 비판하는 설교자로 유명해졌다. 그러자 피렌체의 시민들은 그를 신앙적, 정신적 지도자로 삼고 그를 따랐다. 당시 메디치 가문의 알렉산드로가 피렌체를 폭정으로 다스리다 암살당하자 피렌체는 혼란에 빠진다. 그 틈을 이용해 1494년 프랑스 국왕 샤를 8세의 군대가 알프스를 넘어 피렌체로 진격한다.

　한편 피렌체 공화국에서는 전쟁보다 협상으로 위기를 모면하려 시민들의 지도자인 사보나롤

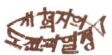

라를 협상자로 보낸다. 협상이 잘 이루어져 프랑스 왕의 군대는 돌아간다.

그러자 사보나롤라는 왕의 군대와 힘을 합하여 민주와 신제정치로 피렌체를 다스렸다. 그러나 물질의 풍요를 누린 유복한(메디치 가문) 시민들의 반감도 만만치 않았다. 그 후 1497년 사보나롤라는 피렌체의 사육제謝肉祭에 참가하여 시민들의 사치품인 이교도적 미술품과 서적들을 모두 불태워 버렸다. 이것이 피로스의 승리가 될 줄 누가 알았으랴! 그때부터 사보나롤라의 지지기반支持基盤도 차차 무너지기 시작했다. 더불어 교황 알렉산드로 6세와 프란체스코 수도회와의 불화와 충돌로 사보나롤라는 그를 따르던 두 명의 도미니크 수도사와 함께 메디체 가문의 중심인 시뇨리아 광장에서 화형으로 처형되어 연기처럼 사라져 흔적도 없다(1498. 5. 23).

르네상스를 잉태하고 꽃을 피운 아르노 강

팔라초 베키오 궁

두오모 성당

산타마리아 델 피에로 조각가이며 건축가인 캄비오Cambio가 성당을 지었으나(1418) 돔 dome을 세우지 못하고 12년의 세월이 흘렀다. 이전 (1401)청동문 제작의 기회를 놓친 브루넬레스키Brunellesch(1430)는 로마로 내려가 고대 로마 건축의 별미 판테온(신전)의 돔을 공부하고 피렌체로 돌아온다.

이때 미완성된 돔을 짓게 되는 기회가 다시 브루넬레스키에게 찾아왔다. 버팀목이나 지지대 없이 돔을 지어야 한다. 그의 끝없는 도전과 로마에서 공부했던 건축학적 미학적 예술의 혼이 돔을 지을 수 있도록 했다. 무려 400만 장 이상의 붉은 벽돌로 돔을 세웠다. 드디어 1446년 르네상스 최고의 걸작 두오모 대성당이 완성되었다.

천국의 문
(기베르티Ghiberti 작품)

르네상스Renaissance 고대 그리스에서 인간의 본질인 "너 자신을 알라" 라는 철학적 고민이 아테네 학당에서 잉태하여 성장한 문화를 헬레니즘(Hellenism예술과 건축)이라 한다. 아리스토텔레스의 제자 젊은 영웅 알렉산더(Alexander)가 세계를 정복하고 헬레니즘을 세상에 심고자 동방 원정에 나섰으나 열병으로 사망하자 헬레니즘은 동방 페르시아에서 지체한다. 그 후 로마는 헬레니즘을 바탕으로 비잔틴 문화 곧 신의 문화로 발전시켰으나 이슬람 세력에게 패하면서 중세 암흑기란 흑사를 남겼고 이에 따라 신의 문화 또한 변화를 가져온다. 그 와중에도 상인들의 교역은 동방에서 서방 그리고 아프리카 북부 에티오피아까지 넓혀졌다. 그 중

심에는 이태리 베네치아(베니스)의 상인들이 있다. 그들은 부와 재물이 넉넉해지자 새로운 문화를 갈망하게 된다. 그때. 중세 암흑기를 견뎌낸 피렌체의 메디치 가문은 풍요한 물질을 바탕으로 신 중심에서 인간중심의 문화로 부활시키는 데 앞장섰다. 그 문화가 바로 르네상스다. 르네상스의 요람과 중심인 피렌체를 바라볼 수 있는 언덕에 올라보면 인간의 아름다움을 찾는 수많은 발길이 이어진다. 그러나 나의 관심과 시선은 신앙과 사회를 개혁하기 위해 생명을 버릴 수 있어야만 했던 그때를 고민하며 르네상스에서 복음을 찾고 싶다.

꽃처럼 아름다운 사랑의 노래를 지은 토셀리도 이곳 피렌체 출신이다.
어쩌면 그도 이 언덕에 올라 젊은 날의 아름다운 추억을 생각하며
세레나데 Nightingale Serenade를 지었으리라 생각된다.

사랑의 노래 들려온다 옛날을 말하는가 기쁜우리 젊은 날
금빛 같은 달빛이 동산 위에 비치고 정답게 속삭이던 그때 그때가 재미로와라
꿈결과 같이 지나갔건만 내 마음에 사무치리니 그리워라
사랑아 노래 소리에 아~기쁜 우리 젊은 날 아아 ~

존 칼빈

Jean Calvin(1509. 7. 10 – 1564. 5. 27)

칼레를 떠나 칼빈에게 가는 길. 가도 가도 끝이 없는 대초원에 내리는 봄비는 좀처럼 그치지 않는다. 우양牛羊의 무리도 없는 푸른 초장 사이를 쉼 없이 달린다. 프랑스의 넓은 벌판은 너무나 아늑하고 비에 젖은 우초는 생기있고 풍요롭기 그지없다.

얼마쯤 달렸을까 노용으로 가는 지방도로에 들어서니 가랑비가 그치고 날이 밝아 오기 시작했다. 마을 입구에 들어서니 입 간판이 여기가 노용NOYON이라고 안내한다. 조용한 시골 마을 노용, 좀 더 들어가니 칼빈의 생가가 있다. 오늘이 주말이라 그런지 지나가는 사람도 드물다. 상가의 문들은 닫혀있고 칼빈의 생가나 전시관도 닫혀있다.

'여기까지 달려오면서 기대도 많이 했는데…'

칼빈의 생가가 있는 노용 NOYON
칼빈은 어렸을 때 노용 대성당에서 성직을 받았다.

할 수 없이 인증사진이라도 몇 장 챙기는 것으로 만족하기로 하고 돌아섰다. 섭섭해하는 필자에게 이선교사가 스위스 아테네 개혁공원에는 칼빈의 무덤이 있으니 거기서 칼빈의 생애를 살피자고 나를 위로한다. 주일 예배를 위해 서둘러 이선교사의 사역지 독일 다름슈타트Darmstadt로 출발하였다. 초원의 벌판을 쉼 없이 달리다 밤이 깊어서야 도착하였다. 하지만 그곳에는 밤 문화가 없어 외식도 어렵다. 할 수 없이 그 밤도 누룽지로 저녁을 때웠다.

칼빈의 생가(현 박물관)

　다음 날 다름슈타트 한인교회(담임/이창배목사)에서 주일 예배를 드렸다. 모인 숫자는 많지 않았으나 성도들의 얼굴에는 벌써 은혜가 충만하다. 특별히 찬양대가 드리는 찬양을 듣는 순간 벌떡 일어나 할렐루야를 외치고 싶었다. 그러나 용기가 없어 '감사합니다! 참으로 감사합니다.' 마음 속으로만 감사를 드렸다. 어디서 이토록 아름다운 찬송을 들을 수 있겠는가!

　문득 한국 국립합창단 창립기념 음악회에 참가했던 것이 생각난다. 나영수씨가 지휘대에 올라서고 합창이 시작된다. 연주곡 전부가 하나님께 드리는 예배성가다. 합창이 끝나고 앵콜을 불러대니, 메시아의 할렐루야 합창곡을 힘이 넘치는 열창으로 답해 주었다. 곡이 끝나자마자 청중들이 자동적으로 일어나 벼락 박수를 치던 그때의 감동이 떠오르며 예배가 끝나는 순간까지 가슴을 벅차게 한다.

　예배를 마친 후 오찬은 순수 한국식으로 준비된 사랑의 식탁이다. 누가 이렇게 정성 들여 준비했는지 사모에게 물었더니, 두 딸과 함께 직접 준비하였다고 한다. 그래서 그런지 처가집 잔치 같았다. 이토록 화목한 가정과 함께, 누구의 후원도 없이 18년 동안이나 말씀을 전하고, 유럽 교회에 기쁜 소식을 나누는 유럽 크리스찬 신문을 발행하고 있다. 무엇보다 특별한 찬양대와 함께 선교하는 것이 무척 부럽다. 식사를 하며 찬양대에 관심을 보이자, 이들은 이미 한국에서 음대를 졸업하고 다름슈타트 톤큰스트 아카데미Akademie fur Tonkunst에 유학 온 학생들이라고 한다. 뿐만아니라 이곳에는 독일의 명문 다름슈타트 공대가 있어 한국 유학생들의 선호도가 높다고 자랑한다.

　다음 순례는 스위스로 가서 칼빈에 관한 자료를 얻을 것이다, 그러기에 앞서, 참으로 신실하고, 만인의 존경을 받는 성화장로교회 강영석 목사님께 칼빈에 관한 기록을 청탁하는 것이 옳다고 생각하여 원고를 부탁했다.

다름슈타트 한인교회

칼빈의 생애와 신앙

LA. 성화 장로교회 강영석 원로목사

기독교에는 하나님 주권을 강조하는 칼빈주의와 인간의 자유를 강조하는 알미니안 주의, 두 가지 거대한 신학 조류가 있다. 장로교회는 칼빈주의를 그 근본이념으로 삼고 있다. 칼빈주의는 인간의 자유를 인정하지만 하나님 주권을 더 우선적으로 강조하고, 알미니안 주의는 하나님 주권을 인정하지만, 인간의 자유를 더 강조한다.

16세기 종교개혁에 있어서 가장 중요한 지도자 중의 한 사람인 John Calvin은 1509년 7월 10일에 프랑스의 노용이란 곳에서 태어났다. 당시 친척이었던 주교의 집안에서 귀공자들과 최고의 교육을 받으며 자랐고 그들과 함께 파리로 가서 우수한 대학에서 인문과학을 공부했다. 그는 성격이 엄격하고 책임감이 강했다. 그리고 두뇌가 명석하고 민첩하여 정확한 이론과 논리적 분석에 능란하였다. 그는 인문학자로, 법률가로, 가톨릭 교직자로서의 생애가 아름답게 빛날 바로 목전에 돌연히 프로테스탄트에 마음을 돌려 말할 수 없는 박해가 예상되는 길을 선택하였다. 종교개혁 당시까지 사람들의 생각은 단 하나의 보편 교회만 있다고 생각하였으므로 이 교회 밖의 다른 교회란 생각할 수도 없었다, 이 교회로부터의 분리는 저주라고 생각했기 때문에 어떤 명분으로라도 이 교회에서 나뉜다는 것은 이단으로 간주 되었고 그래서 복음 그대로의 가르침을 추구하

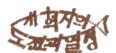

던 개혁가들은 교회로부터 파문당하여 쫓겨났다.

칼빈도 파리를 떠나 프로테스탄트 중심지인 스위스의 바젤에 정착해 가명으로 생활했는데 이때 집중적으로 성경에 몰두해서 신학을 연구하였다. 그리고 겨우 26세가 된 1536년에 교리들을 요약要約하여 라틴어로 '기독교 강요Institutes of the Christian Religion'를 출판하였는데 이 초판初版은 겨우 6장으로 되어 있었다. 그러나 계속 개정하고 증보해서 1564년에는 80장으로 이루어진 논리적이며 간결한 교의 신학의 포괄적이고 체계적인 가장 영향력 있는 편람이 되었다. 그것은 서구의 각국 언어로 번역되어 개혁주의 모든 교회의 학교에서 교과서로 사용하게 되었다. 그러나 구교도들로 말미암아 불태움도 당했고 악독한 필설의 공격도 받게 되었다. 위필드 박사는 이렇게 말했다.

"칼빈이 인류에게 끼친 모든 공헌貢獻 가운데 가장 큰 것은 그의 천재적 능력에 의하여 저작된 이 기독교 강요라는 종교사상 체계의 선물이었다."

기독교 강요의 중심사상은 하나님의 절대주권(예정론)이다. 이것은 '원죄로 말미암아 자유의지를 상실喪失한 인간은 선을 행할 수가 없다. 그러나 하나님께서는 그의 긍휼矜恤을 드러내시기 위해 택하신 어떤 사람들은 영원한 구원을 받도록 섭리하였다. 하나님은 영원 전부터 그 사람이 구원받을 것인지 아닌지를 알고 계신다. 하나님은 만세 전부터 인간의 생명을 결정하셨다.' 는 믿음이다.

칼빈은 1536년에 프랑스를 떠나면서 제네바에 들렀는데 그때 도시 국가는 츠빙글리가 전파한 프로테스탄트로 전향한 지 얼마 되지 않았기 때문에 아직 혁명이 굳어져있지 않고 확정된 프로테스탄트 의식들이 전혀 개발되지 않았으며 새로운 교회 제도들도 확립되지 않았을 때다. 파렐Farel은 칼빈이 제네바에 온다는 소식을 듣고 본능적으로 그가 제네바의 종교개혁을 완성할 인물이라고 느꼈다. 그리고 그를 방문해서 열렬히 그를 붙들었다. "만약 그가 그의 재능을 몹시 필요로

제네바 바스티옹 공원의 종교개혁 기념비 / 파렐, 칼빈, 베자, 낙스

하는 곳에서 사용하지 않는다면 하나님의 재앙을 받을 것."이라고 협박하며 설득하여 마침내 칼빈은 거기서 공적인 성경 강해자 로서 활동하기 시작하였다. 그러나 제네바에서 그의 활동이 승승장구한 것은 아니다. 그는 문학적, 법률적 재능을 발휘하여 의식적이고 규율적인 규칙들을 마련했는데 사람들은 그 규칙들이 무섭게 강요될 것이라는 데 대한 두려움이 생겼다. 그리하여 그는 갑작스럽게 시의회로부터 이 도시를 떠나라는 명령을 받았다. 그는 프랑스의 스트라부스로 가서 목회자가 되었고, 거기서 뛰어난 루터파 신학자들과 개인적으로 친숙하게 되었다. 칼빈은 루터와 츠빙글리 보다 25년 아래이므로 그들이 닦아 놓은 터 위에 건설하는 편리한 유익이 있었다. 칼빈의 이름이 알려진 처음 10년간은 루터의 마지막 10년간과 같은 시대였으나 양자 간에는 면식이 없었다.

칼빈이 등장하기 전에는 루터는 대성공의 영웅인지 대 실패의 희생인지 아직 미지수였다. 루터가 새로운 이념을 고귀하게 시작한 것을 칼빈이 하나의 체계로 구성하고 보존하고 발전시킨 것이다. 루터는 이신칭의 '以信稱義 (오직 믿음으로 구원 받는다)'를 종교개혁 원리原理로 삼고 종교개혁을 시작했고 칼빈은 이처럼 의롭게 된 사람은 오직 하나님의 영광을 위하여 살아야 한다(Soli Deo Gloria)는 것으로 종교개혁을 완성하였다. 칼빈은 40년간 종교개혁 운동에 심혈을 바쳤다. 리드Reed는 "칼빈과 같이 자신을 한 분명한 목적目的을 위하여 끝까지 바친 자는 어느 역사를 뒤져 보아도 찾아보기 어려울 것이다."라고 하였다. 칼빈은 기독교 강요 외에 신 구약 성경, 거의 전권의 주해를 썼다. 이 주해는 출간되자 이 방면의 제일 윗자리를 차지했다. 루터가 성경 번역자 중의 왕이었던 것과 같이 성경주해자 가운데 왕이었다.

한편 제네바는 혼란에 휩싸여 다시 칼빈에게 돌아와 줄 것을 요청했고 칼빈은 돌아가 개혁교회를 세우고 교회 법규를 세웠는데 이것이 조금의 수정을 거쳐 오늘날까지 제네바 교회의 헌법 역할을 하고 있다. 칼빈은 교리를 체계적으로 가르치려고 제네바에서 멀지 않은 로잔에 아카데미를 창립하였다. 장차 칼빈주의파 목사가 될 사람을 양성養成하기 위하여 대학교 수준의 신학적 교육을 시작하였고 총장을 데오드로 베자에게 맡겼다. 후에 베자는 칼빈의 후계자로 개혁파 프로테스탄트주의의 중심 지도자가 되었고 아카데미는 현재 제네바 대학교로 발전했다. 칼빈은 할 수 있는 대로 새 개혁改革 교회를 많이 세우고 가톨릭 집단들의 공격攻擊으로부터 그 교회들을 방어하는 일을 도왔다. 칼빈의 노력으로 제네바는 박해 받는 자들의 피난처가 되고 개혁주의 신앙의 훈련소가 되었다. 전 구라파로부터 모여드는 피난민은 여기서 종교개혁의 원리를 명확하게 배워가지고 돌아가곤 하였다.

그는 전 생애 동안 하나님의 교리를 개혁하기 위해 하나님으로부터 부름을 받았다는 확신을 하고 살았다. 그의 글 중에 '하나님의 영원한 예정을 미워하도록 만들기 위하여 악한 생각을 품은 사람들이 열심히 퍼트린 중상모략과 신성모독에 대한 답변'이라는 글이 있는데 이것을 보면 얼마나 그를 반대하는 사람들이 많았는가를 짐작 할 수 있다.

1560년에 건강이 악화되었지만 선교하고 가르치고 저술하는 활동적인 일정을 계속하다가 1564년 5월 27일에 영원한 안식에 들어갔다. 스트라스부르에서 피난 생활 할 때 미망인과 결혼하여 유일唯一한 자식을 낳았으나 출생 때 죽었고 짧은 결혼 생활을 하였으나 재혼하지 않았다.

제네바 대학

그는 자기의 매장에 대하여 성대한 의식을 금(禁)하였고 또 무덤에 어떠한 묘비라도 세우는 것을 엄금하였다. 제네바에 있는 공동묘지에 'J.C.' 라는 두 약자만 새겨져 있는 묘가 그가 묻힌 곳이다.

울리히 츠빙글리
Ulrich Zwingli(1481-1531)
스위스의 종교개혁자

숨 가쁘게 달려온 순례의 길목에서 잠시 쉬었다 가기로 했다. 사실 여기가 어딘지도 모르지만 시원한 물소리가 발목을 잡는다. 나지막한 숲길을 지나 아랫길로 들어서니 넘실대는 호수 위에 쏟아 내리는 폭포가 장관이다. 이 폭포를 '라인 폴'이라고 한다. 우리가 잘 아는 독일의 라인강의 물목이 바로 여기다. 알프스의 만년설이 녹아 흐르는 이 맑은 물은 보덴호에 잠시 머물다가 유럽의 젖줄이 되어 스위스와 오스트이아, 독일로 흘러간다.

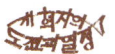

　이 호수로 인해 온화한 기후가 형성되어 호반의 도시에서는 포도 재배가 성하다. 콘스탄츠공의회가 열렸던 독일의 콘스탄츠도 이 물길을 통해 갈수 있다. 보덴호에는 유람선이 있어 아름다운 호반의 도시들을 관광할 수있다.
　'만약 시간적 여유가 더 있었더라면 유람선 정도는 한번 타 보고 싶었는데...'

인간과 자연의 합작품 라인폴

알프스의 생명수가 라인폴을 지나 호수에 머물고
다시 흘러 라인강의 젖줄이 되어 독일과 오스트리아, 스위스로 흐르는 보덴호

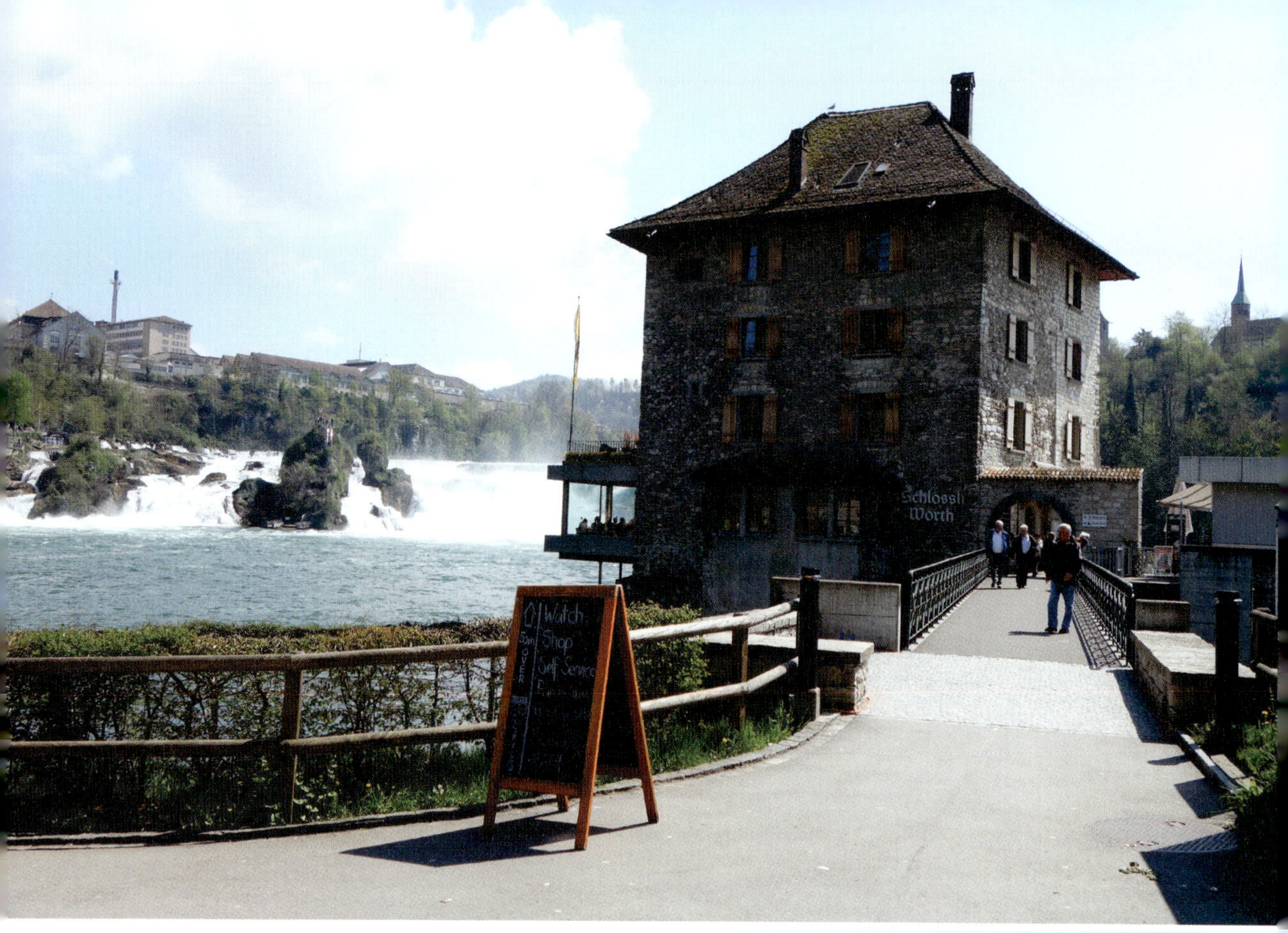

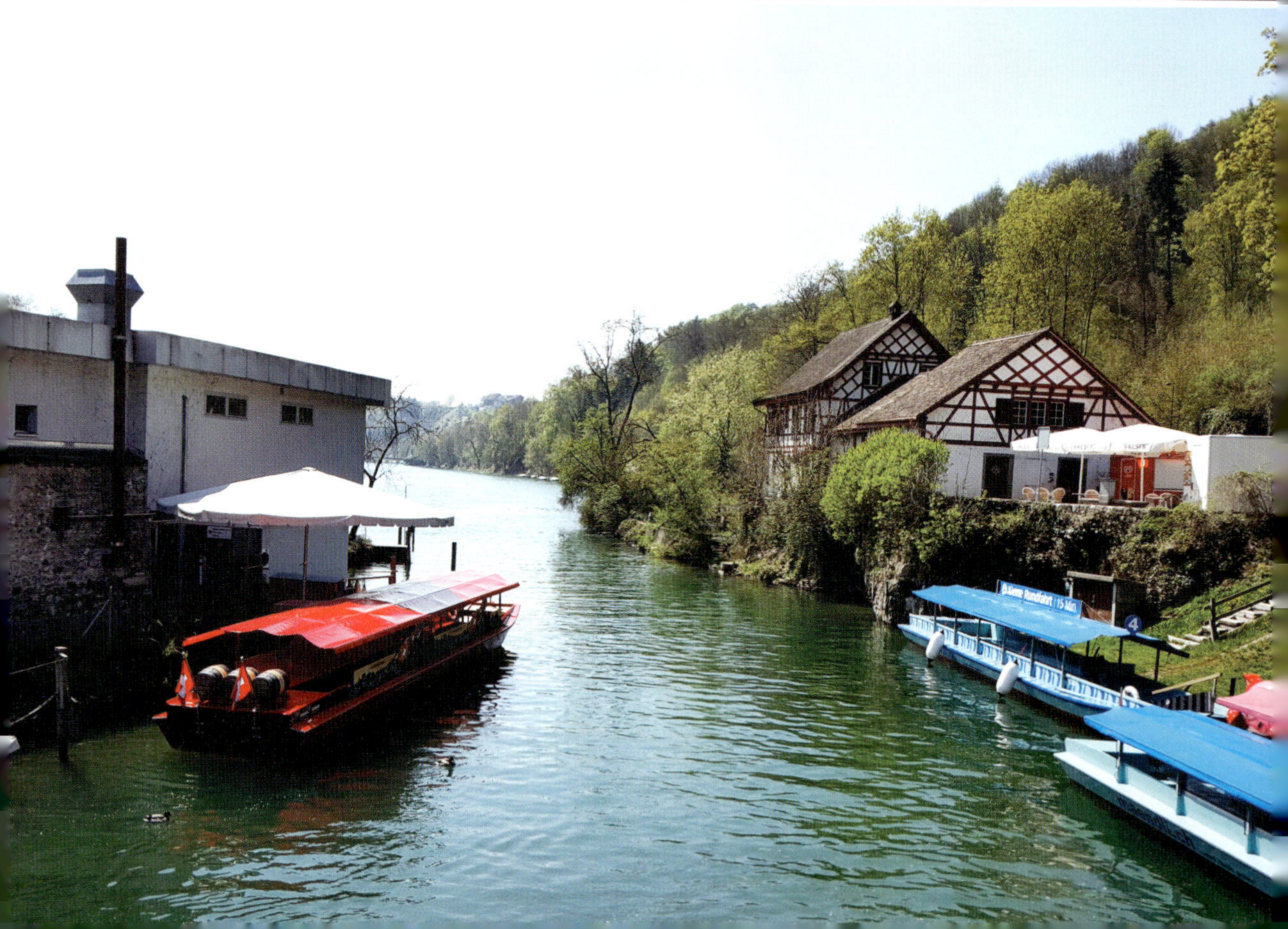

스위스의 최대 도시 취리히Zurich는 유럽의 심장이라 불릴 만큼 교통의 중심지요 전통과 문화 예술이 살아 숨 쉬는 중세 도시이다. 또한 취리히 호수에서 흘러내리는 리마트Limatt 강변에는 츠빙글리가 설계했다는 그로스뮌스터Grossmunster 대성당이 중세의 역사를 변함없이 지키고 있다.

더불어 프라우뮌스터Fraumunster 성당 또한 취리히를 찾는 여행객이나 순례자들의 발길에 손짓을 한다. 지금까지 내리던 안개비가 잠시 사라지자 강물에 너울대던 호수와 낭만의 도시 취리히는 휴식과 여유를 찾는 사람들을 유혹한다. 가는 길이 아무리 바빠도 리마트 강변을 한 바퀴 돌아보고 츠빙글리의 흔적을 찾기로 했다.

스위스의 교회 개혁자 츠빙글리는 스위스의 토겐부르크Toggenburg의 비르트하우스 Wildhaus에서 출생했다(1481년). 그는 1506년, 빈Wien 과 바젤Bassel 대학에서 수사학修辭學/rhetoric을 전공하고 학위를 받았다. 그 후 스위스의 아인지델른Einsiendeln에서 가톨릭교회의 사제로 봉직하던 중 이탈리아와의 전쟁이 발발하자 종군 사제로 출병하여 스위스 용병들의 비극을 목격하고 용병제를 비판하다 사제직을 사임당하고 말았다. 당시 스위스에서는 용병으로 생업을 유지하던 교구민들이 많아 그의 용병제 비판은 많은 분쟁을 만들었다.

하지만 계속해서 로마 가톨릭 교회를 비판하고 성경의 권위를 역설하던 중에 1519년 취리히

의 사제로 다시 초청되어 헬라어 원전으로 성경 강해를 하던 중 루터의 영향을 받아 스위스의 교회개혁뿐만 아니라 사회개혁에도 앞장섰다. 그는 성화상聖畫像과 오르간 사용을 폐지하자고 제의했다. 하지만 성찬에 관한 중요한 문제, 즉 성찬에 사용된 떡과 포도주는 예수님의 몸이 변화된 것이라는 화체설化體說 transubstantiation을 주장하는 루터와 상징설象徵說symbolism 혹은 기념설記念說remembrance을 주장하는 츠빙글리와는 의견 대립이 있었다. 나중에 츠빙글리는 마르부르크Marburg(1529년)에서 루터와 만나 성찬에 관하여 심도 있는 의견을 나누었으나 확실한 일치를 보지 못했다.

츠빙글리가 설계한 그로스뮌스터 대성당과 프라우뮌스터 성당을 품고 있는 리마트 강

그 후 츠빙글리는 취리히의 근교 카펠Kappel에서 스위스 가톨릭 세력과의 싸움에 참전하여 불과 50세의 나이로 전사하고 말았다(1531. 10. 11). 그가 사망하자 스위스 교회에서는 츠빙글리의 시신과 유물들을 철저히 수거하여 불태워버렸다. 그러나 스위스의 교회개혁 시작은 츠빙글리였음을 사가들은 여전히 주장하고 있다.

*영국의 둔스 스코투스Johannes Duns Scotus는 철저히 화체설을 주장했으며, 츠빙글리는 상징설을 주장했다. 그 이전, 베네딕트파의 수도사인 라트람누스Ratramnus는 상징설과 기념설에 무게를 두었다.

프라우뮌스터 성당

그로스뮌스터 대성당

츠빙글리 동상

마르틴 루터
Martin Luther (1484. 11. 10-1546. 2. 18)
교회개혁의 승리자

독일 동부의 작센Saxony/Sachen 주州는 에르츠산맥을 나누어 체코와 폴란드와 국경을 가르고 있다. 남쪽에서 북동으로 뻗어 있는 예르츠Erzgebirge 산맥 지하에는 은과 석탄, 철 그리고 우라늄 등 지하자원地下資源이 풍부하다. 그로 인해 이곳은 광산업鑛産業이 발달되어 있고 라인강과 엘베Elbe강을 품고 있는 들녘은 매우 비옥하여 밀, 보리, 아마와 각종 과일이 생산 되는 농촌 지역이다. 주민은 대부분 루터교도이며 목재木材를 이용한 목각木刻 예술도 잘 발달 되어 있다. 겨울철에는 눈이 많고 온천수가 풍부하여 사계절 휴양 지역으로도 알려진 지역이 많은 곳이다.

마르틴 루터는 1484년 11월 10일에 작센의 아이슬레벤Eisleben에서 태어났다. 다음날(11일) 유아 세례를 받은 그 날이 독일의 성인聖人 마르틴Martin을 기념하는 날이기에 아버지 한스 루터는 Hans Luther는 그날을 기념하여 아들의 이름을 마르틴 루터라고 지었다. 아버지 한스 루터는Hans Luther는 아들의 교육을 위하여 맨스필드Mansfield로 옮겼다. 루터가 13살이 되자 다시 아이젠나흐Eisenach에 있는 우즐라 고타Usula Gotta의 집에서 하숙케 하고 에어프르트Erfurt 대학에 입학시켰다(1498-1501년, 現 루터 하우스). 아울러 아버지는 루터가 법률가가 되기를 바라고 철학과 법학을 공부하도록 했다. 마침내 루터는 두 개의 박사 학위를 받았다. 그 후 루터는 부모님을 찾아뵙고 돌아오던 들녘에서 벼락을 만났다. 너무나 무서웠던 그는 "성 안나여 나를 살려주시면 수

도사가 되겠습니다."(1505. 7. 2) 하고 급히 돌아와 아우구스트 수도원에 입단하였다(1505. 7. 6).

수도 생활이 끝나고 가톨릭교회의 사제司祭로 서품받았다. 사제가 된 루터는 아버지의 기대를 저버린 불효와 연약함을 이기지 못하고 몹시 괴로워했다. 그러나 배후에는 수도원 원장인 스타우피치와 작센의 선제후 프레드리히Frederck가 있었으며 동료이며 선배인 멜랑히톤Melanchthon이 있어 위로와 힘을 얻었다.

1510년 11월에 교회는 루터가 로마Rome를 보면 달라질 것이라는 기대로 로마를 순례케 했다. 로마를 방문한 루터는 빌라도가 구원받기를 원하여 무릎으로 기었다는 그 계단을 수많은 순례객과 함께 기어 보았으나 면죄부(부적附籍)를 샀다고 연옥煉獄에서 죄를 용서받아 천국으로 올라간다는 것에 대해 심한 의심을 지울 수 없었다.

더구나 로마 사회의 무질서와 혼란 그리고 성직자들이 매춘 골목을 기웃거리는 것을 보았을 때, 이것은 분명히 사탄의 흉계가 로마를 지배하고 있다고 확신했다. 이러한 일들을 목격한 루터는 성직자란 자신의 사명이 더욱더 힘들다 했고, 양심의 괴로움은 이전보다 더 했다는 기록이 있다.

루터의 마을을 찾아가는 길
'루터도 이 길을 걸었을까?' 생각하며 찬양과 기도로 잠시 휴식

나는 개혁의 현장을 찾아 기록하여 반드시 한국교회에 전하고자 하는 생각으로 유럽의 여러 나라를 순례하면서 기록하였다. 그런데 개신교회사에 있어 가장 중요한 인물이라고 할 수 있는 루터의 흔적을 찾아 아이슬레벤에 왔을 때는 날이 이미 저물기 시작했다. 루터의 마을로 가는 들판에서 만난 벼락이 쳤던 바로 그 자리! 작은 석비가 우리를 반긴다. 석양을 머금은 그 광경에 벅찬 마음으로 시 한 수라도 낭송하고 싶었으나 나의 문학적 소양이 적음을 탄식하며 지인의 시로 대신하여 이 책의 시작을 알리게 하였다.

석양이 넘어가는 루터 마을의 장엄한 현장을 지켜보면서 루터의 생가로 가는 동안 날은 이미 어두워졌다. 유명한 아우토반 고속도로로 왔으면 일찍 도착했을 터인데 루터가 걸었을지도 모를 길을 따라 시골길로 이곳을 찾아오며 예배도 드리고 찬송도 하며 맘껏 루터를 찾는 마음의 준비를 하다 보니 늦어져 버렸다.

루터의 고향 아이슬레벤의 석양

루터의 마을 아이슬레벤 인근 슈토테른하임Stotternheim에 있는 돌비 **Luter Stein**

Jn einem Blitz vom himmel wurde dem jungen Luther hier der Weg gewiesen
하늘에서 떨어진 번개 속에 이곳에 있던 젊은 루터를 향한 길이 제시되어 있다.

Hilf Du Sankt Anna. Ich will ein Mönch werden
"성 안나여 나를 도우소서. 내가 수도사가 되겠습니다."

지나는 사람 하나도 없는 루터의 마을 아이슬레벤! 과연 이곳이 루터의 마을인가? 하지만 시내에 세워진 루터의 기념상을 발견하니 안심이다. 좋은 사진을 원했으나 어둠에 쌓여 있어 촬영이 어렵다. 하지만 어떠랴, 칠흑 같이 어두운 시대를 살다간 루터의 일생인데! 그가 있어 우리는 어둠에서 빛으로 나올 수 있었지 않았는가?

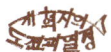

    어둠에 묻힌 아이슬레벤의 광장은 아무도 없고 다만 루터의 기념상 만이 우뚝 서 있다. 이제는 루터의 생가를 가야 하는데 안내해 줄 사람이 없어 사방을 두리번거리다 불 켜진 어떤 상가에 들어가 안내를 받아 루터의 생가를 찾아갈 수 있었다.
    드디어 생가에 도착하니 출입문은 닫혀있고 지나가는 사람도 없다. 오직 적막과 어둠만이 생

아이슬레벤 시 청사 광장의 루터 동상

가를 덮고 있다. 인증사진 몇 장이라도 챙기려고 하니 어둠이 방해한다. 그래도 반드시 생가의 흔적을 남기고 싶기에 차를 돌려 헤드라이트를 켜고 사진을 찍었다. 다시 올 기약 없이 돌아서야만 하는 아쉬움을 밝은 달빛이 달래준다.

루터의 생가

루터의 흔적이 숨 쉬고 있는 비텐베르크

1508년에 비텐베르크대학교(1502년 창설)에 입학했던 루터는 후에 비텐베르크 대학 성서 교수가 되었다. 1515년, 라틴어로 된 성경 로마서를 연구하던 중 "복음에는 하나님의 의가 나타나서 믿음으로 믿음에 이르게 하나니 기록된바 오직 의인은 믿음으로 말미암아 살리라 함과 같으니라"(롬1:17) 라고 하는 말씀을 접하면서 자신의 무거운 죄 짐이 풀리는 큰 은혜 앞에 무릎을 꿇고 말았다.

마침내 루터는 1517년 10월 31일에 교황의 면죄부 판매와 가톨릭교회의 세속화에 대한 95개 조항의 반박문을 비텐베르크 성 교회 Wittenberg Castle Church 출입문에 붙임으로 교황에 도전하였다.

비텐베르크 성 교회

95개 조항의 반박문을 붙였다는 비텐베르크 성 교회 출입문

박물관으로 사용되고 있는 루터의 집 안뜰에는 루터의 아내 카타리나 본 보라가 순례객들을 맞이하고 있다.

루터의 각종 유품이 전시 되어 있는 박물관

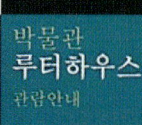

박물관
루터하우스
관람안내

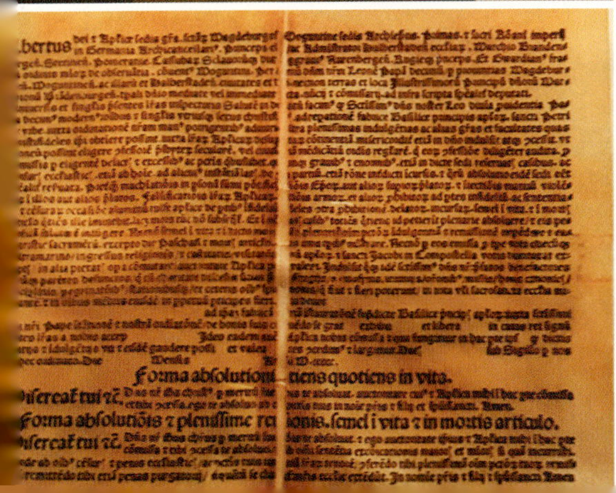

Forma absolutionis ... tiens quotiens in vita.

Forma absolutionis et plenissime re... onis. semel in vita et in mortis articulo.

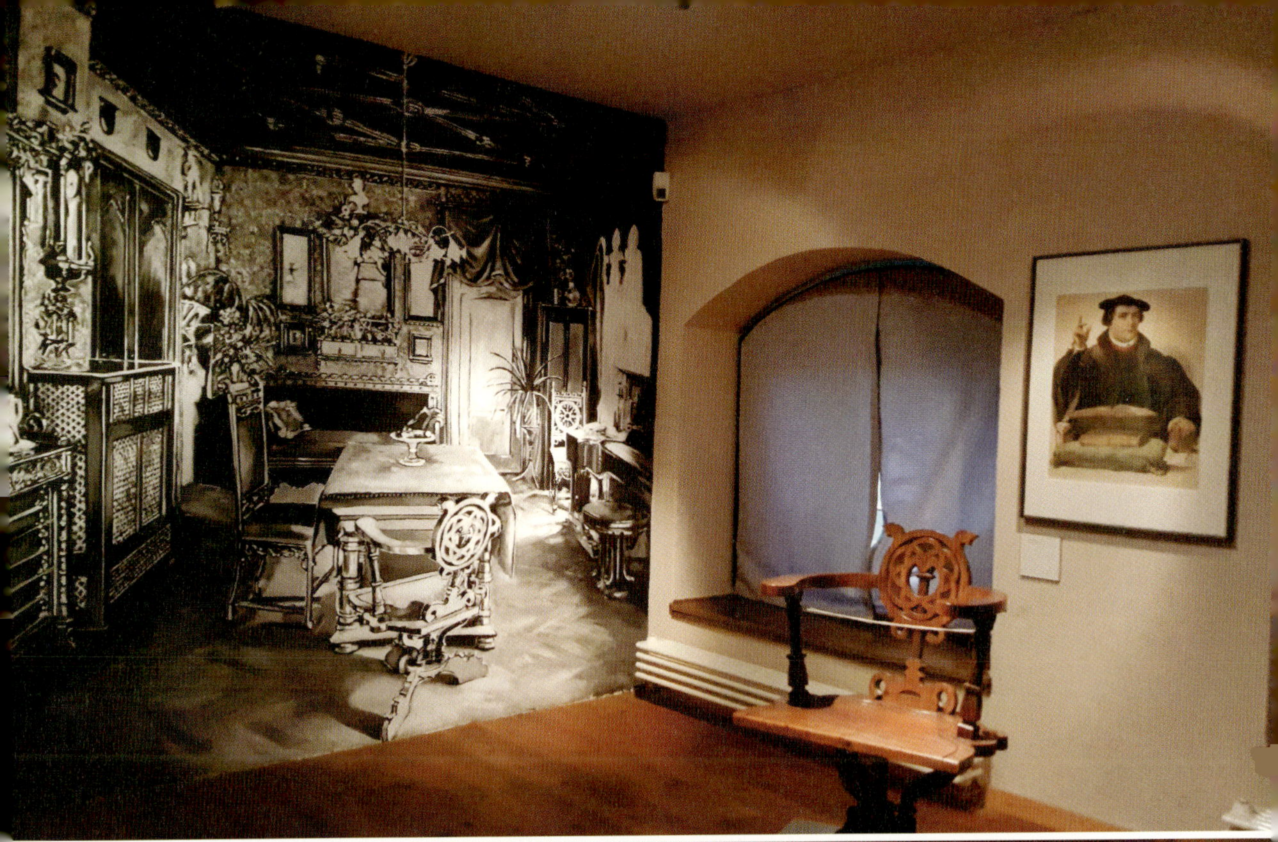

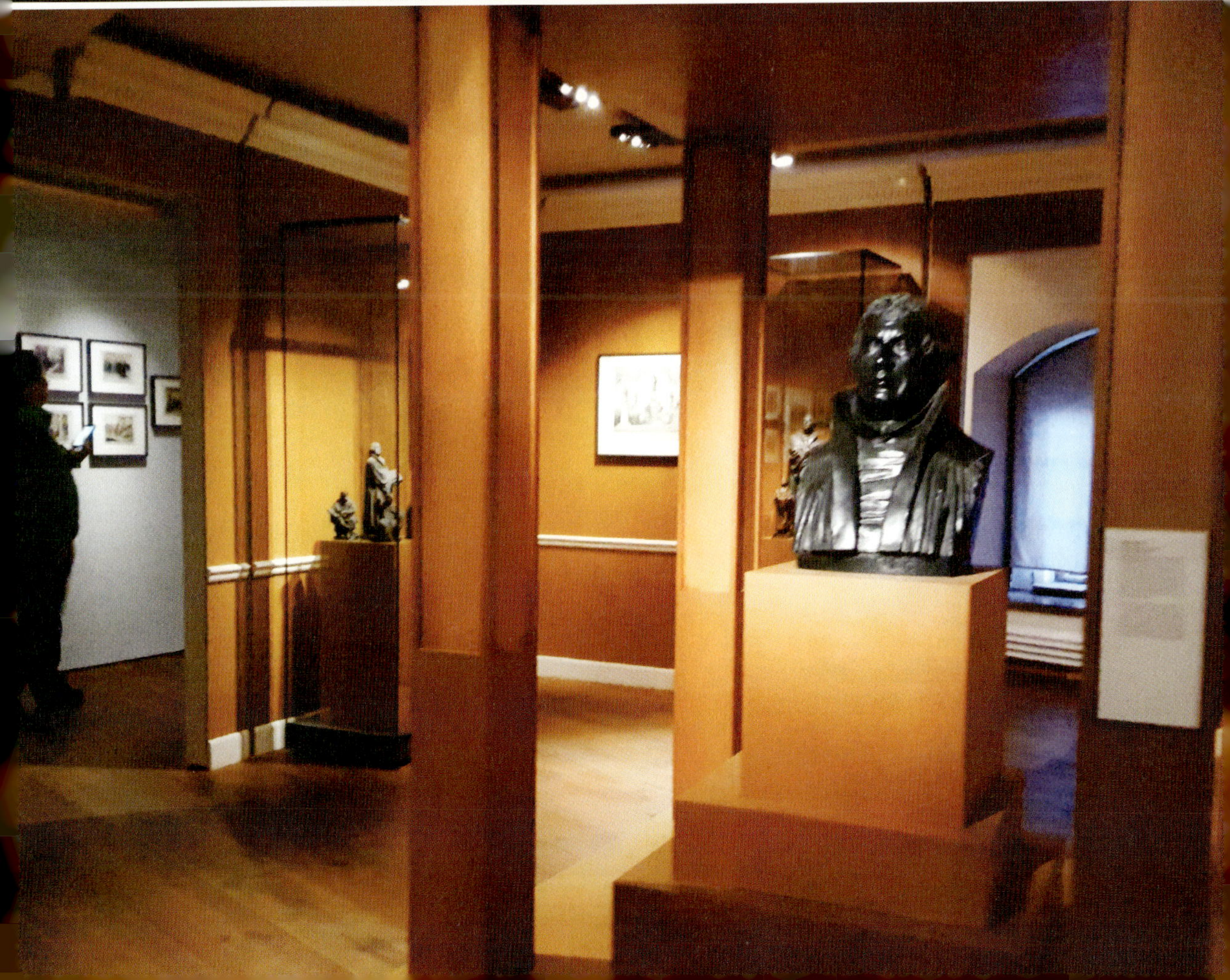

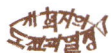

THE MOTHER CHURCH OF THE REFORMATION

With a congregation numbering around 3,800, the City Church parish is among the largest of its kind in central Germa[ny]. The parish operates three daycare facili[ties] and oversees the care and maintenance [of] both the old and the new cemetery. Par[ish] [li]fe revolves around the City Church, t[he] [si]te of the sermons held by Martin Lut[her] [a]nd Johannes Bugenhagen, the first [L]utheran pastor of Wittenberg. The ch[urch is] the place where the tradition of Prote[stant] [se]rvices held in the German language t[oday...]

[R]eformationsaltar von Lucas Cranach d. Ä.

Services a[re...]
[...]ng the [...]
[...]munion [...]

[th]is day [...]
[...]r of t[he...]
[...] a p[...] [a]nd the h[...]

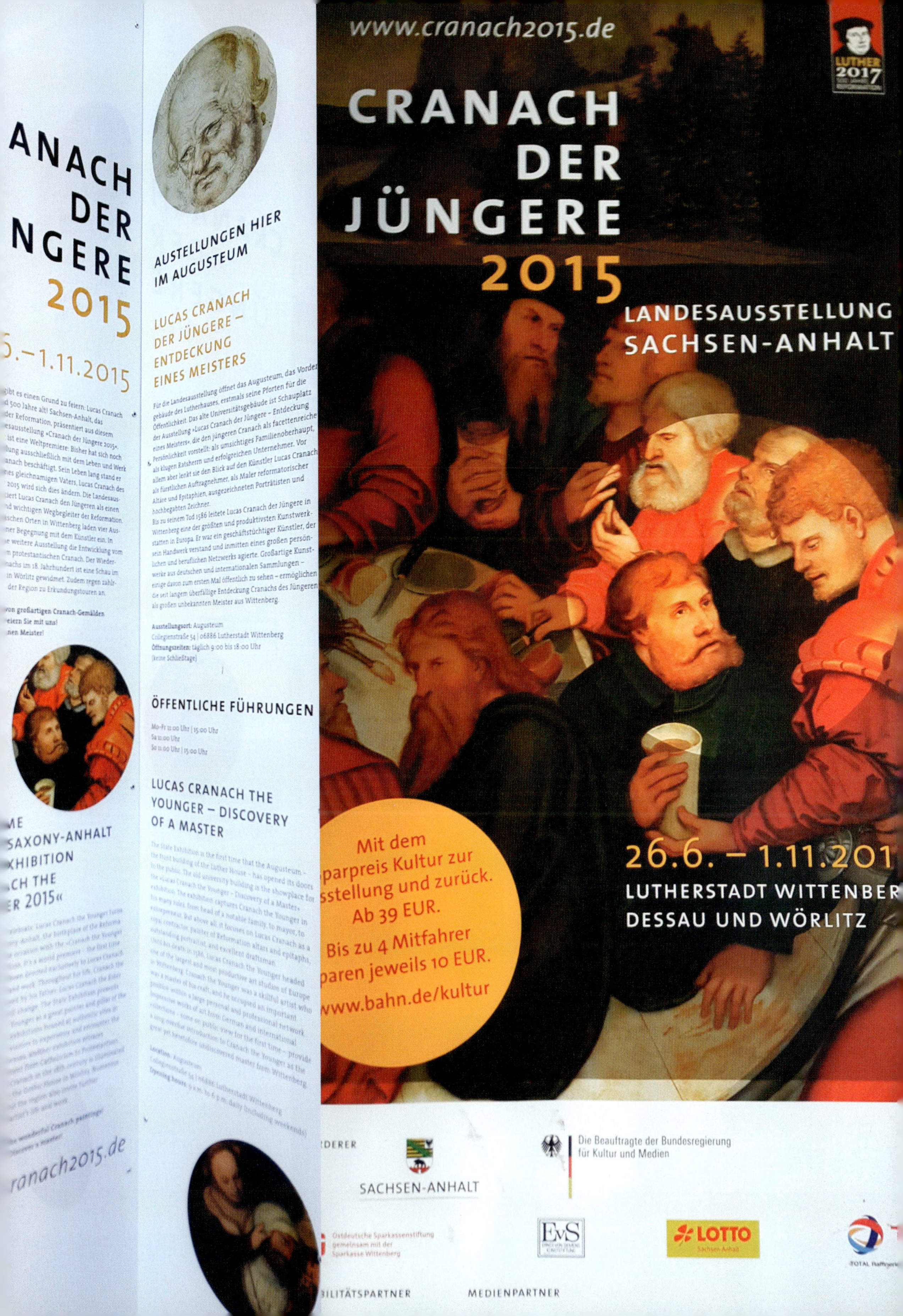

CRANACH DER JÜNGERE 2015

LANDESAUSSTELLUNG SACHSEN-ANHALT

www.cranach2015.de

AUSSTELLUNGEN HIER IM AUGUSTEUM

LUCAS CRANACH DER JÜNGERE – ENTDECKUNG EINES MEISTERS

Für die Landesausstellung öffnet das Augusteum, das Vordergebäude des Lutherhauses, erstmals seine Pforten für die Öffentlichkeit. Das alte Universitätsgebäude ist Schauplatz der Ausstellung »Lucas Cranach der Jüngere – Entdeckung eines Meisters«, die den jüngeren Cranach als facettenreiche Persönlichkeit vorstellt: als umsichtiges Familienoberhaupt, als klugen Ratsherrn und erfolgreichen Unternehmer. Vor allem aber lenkt sie den Blick auf den Künstler Lucas Cranach als fürstlichen Auftragnehmer, als Maler reformatorischer Altäre und Epitaphien, ausgezeichneten Porträtisten und hochbegabten Zeichner.

Bis zu seinem Tod 1586 leitete Lucas Cranach der Jüngere in Wittenberg eine der größten und produktivsten Kunstwerkstätten in Europa. Er war ein geschäftstüchtiger Künstler, der sein Handwerk verstand und inmitten eines großen persönlichen und beruflichen Netzwerks agierte. Großartige Kunstwerke aus deutschen und internationalen Sammlungen – einige davon zum ersten Mal öffentlich zu sehen – ermöglichen die seit langem überfällige Entdeckung Cranachs des Jüngeren als großen unbekannten Meister aus Wittenberg.

Ausstellungsort: Augusteum
Collegienstraße 54 | 06886 Lutherstadt Wittenberg
Öffnungszeiten: täglich 9:00 bis 18:00 Uhr
(keine Schließtage)

ÖFFENTLICHE FÜHRUNGEN

Mo–Fr 11:00 Uhr | 15:00 Uhr
Sa 11:00 Uhr
So 11:00 Uhr | 15:00 Uhr

LUCAS CRANACH THE YOUNGER – DISCOVERY OF A MASTER

26.6. – 1.11.2015
LUTHERSTADT WITTENBERG DESSAU UND WÖRLITZ

Mit dem Sparpreis Kultur zur Ausstellung und zurück.
Ab 39 EUR.
Bis zu 4 Mitfahrer sparen jeweils 10 EUR.
www.bahn.de/kultur

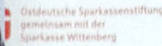 

비텐베르크 시청 앞 광장에는 멜랑히톤과 루터의
동상이 나란히 있어 그들의 우정을 보는 듯하다.

루터의 동상

멜랑히톤의 동상

Martin
Luther
REFORMATOR
KETZER
EHEMANN
Von Martin Luther
SACHSEN-ANHALT
WEM
GEHÖRT
LUTHER?

종교개혁 500주년을 맞이 길가 서점에 전시 되어 있는 마르틴 루터를 기념하는 책자들

'성 안나여 나를 살려주시면...'
벼락이 쳤던 바로 그 자리에서
카메라에 찍힌 한장의 사진!

하이델베르크 논쟁

1983년, 루터 탄생 500주년을 기념하여
하이델베르크 대학 광장에 설치된 동판

하나님과 인간이 만든 평화롭고 아름다운 네카 강변

1518년 하이델베르크. 어거스틴 은수자 수도원 총회에 참가하기 위하여 찾아온 루터는 또 다른 사제들과 교회개혁의 필요성을 이곳에서 격론하였다는 기록이 있다. 루터는 이곳에서 자신의 개혁 사상을 공표했고 다수의 젊은 교수들과 학생들은 루터와 그의 사상에 대해 적극적으로 동조했다. 이 논쟁의 영향으로 독일 남서부 지역에 개혁 사상이 널리 확산되었고 '하이델베르크 교리문답'이 정립되었다.

　　결국 루터는 보름스 국제회의에 소환되어갔다. 그가 잠시 머물렀던 지금의 하이델베르크는 철학과 학문의 도시며 옛 모습을 잘 간직한 관광 명소로도 잘 알려져 있다. 더욱이 도시의 건물들은 붉은 지붕과 붉은 벽돌로 장식되어 더욱더 화려하고 고풍스럽다. 지난 세계대전 당시 독일이 패전하고, 이 도시마저 연합군의 공격을 피할 수 없게 되었다. 그때 하이델베르크 대학의 학생대표들이 하얀 손수건을 들고 적진으로 가서 "이토록 아름다운 도시를 파괴하겠는가?" 하며 애원하자, 연합군은 그 뜻을 받아들이기로 했다는 전설 같은 진실이 유래 되고 있다. 이토록 유서 깊은 아름다운 도시는 세계대전에서도 파괴되지 않고 옛 모습 그대로 숨 쉬고 있다. 루터의 흔적은 그가 논쟁했던 그 자리, 지금은 사라지고 없는 옛 대학 강단이 있었던 광장 바닥에 새겨져 있다. 이곳을 떠나기 전, 언젠가 다시 한번 이곳을 찾을 것을 푸르른 네카 강에게 약속했다.

하이델베르크 대학

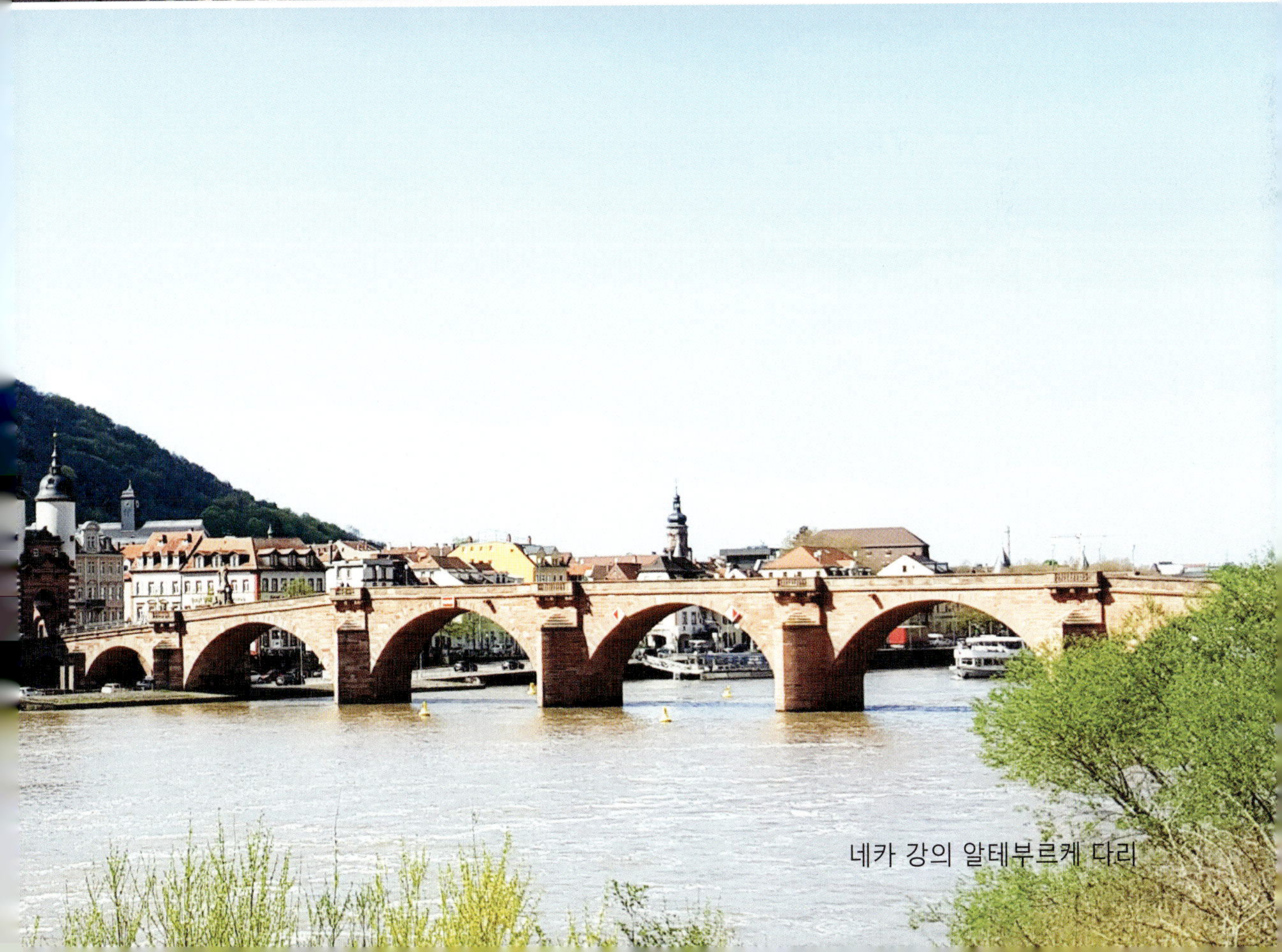

네카 강의 알테부르케 다리

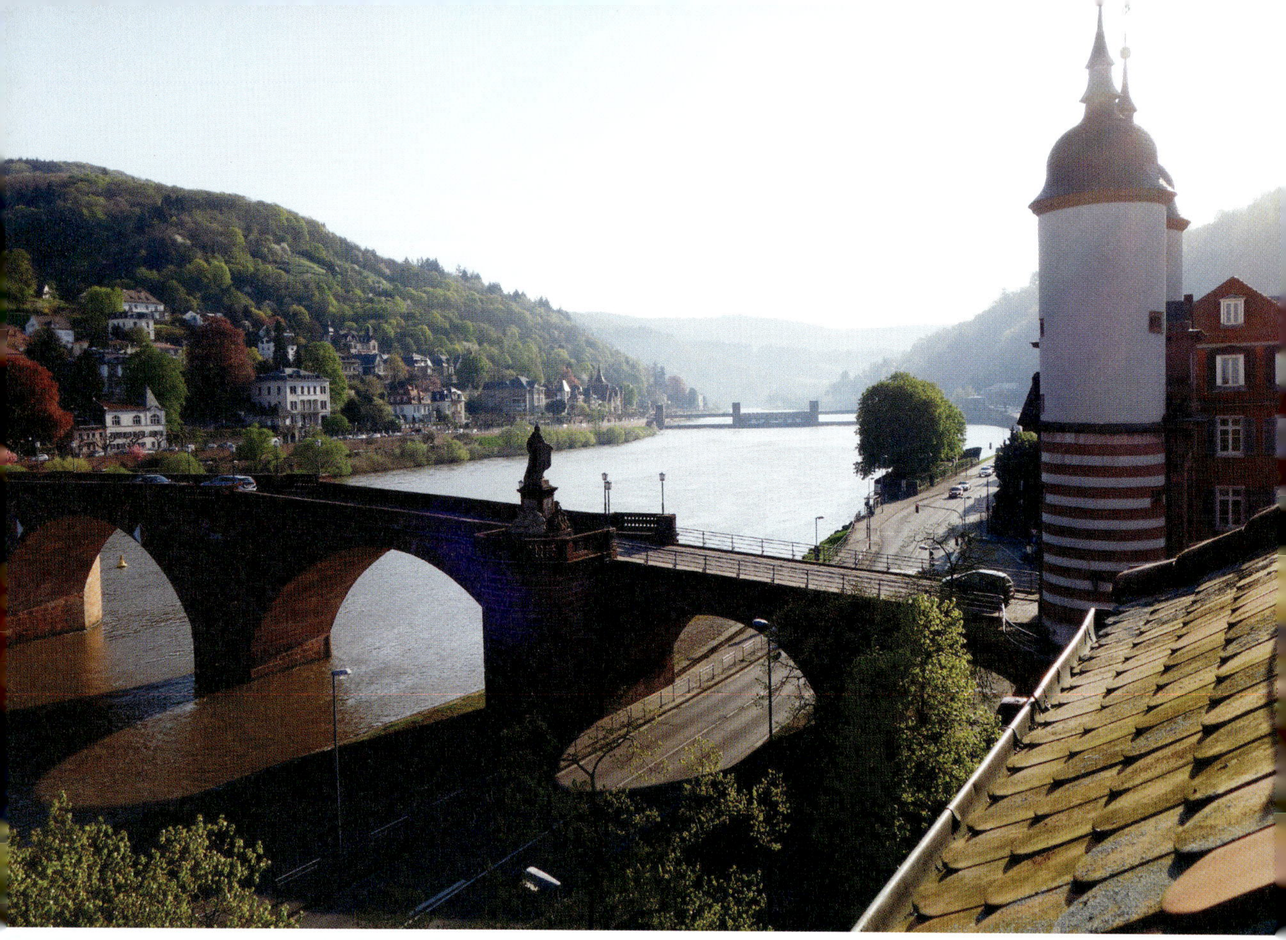
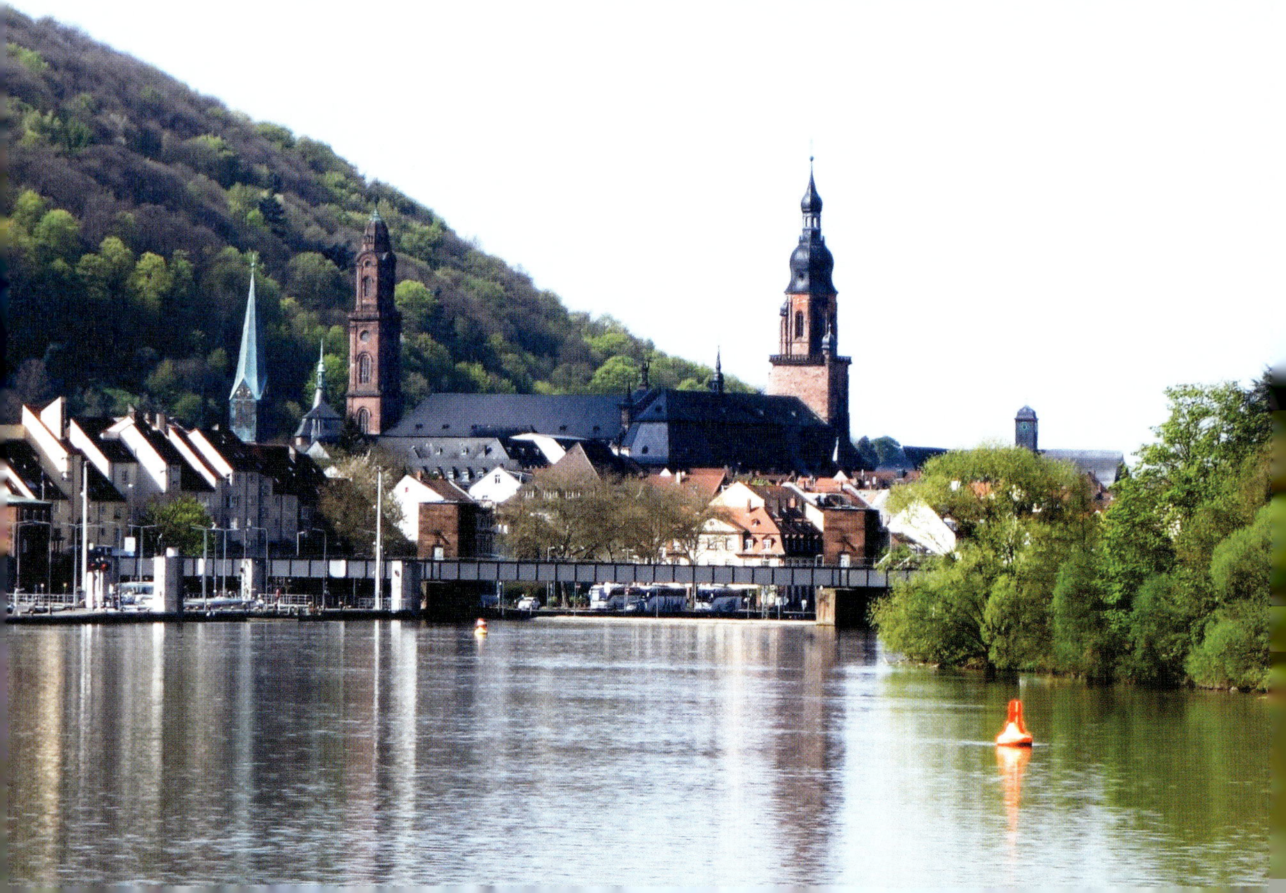

제국회의가 열린 보름스
내 주는 강한 성이요 방패와 병기 되시니

HIER STAND
VOR KAISER UND REICH
MARTIN LUTHER
1521

1518년 어느 날 교황은 루터에게 반박문 철회를 강요하고 협박하였으나 승복하지 않자 1520년 6월 15일에 그의 사제직을 박탈하였다. 그뿐인가, 독일 황제 찰스 5세는 루터에게 보름스 제국회의에 출두하라는 명령까지 내렸다.

  다음 해 4월 17일. 보름스 제국회의에 출두하기 전, 루터는 선제후 프리드리히에게 그 사실을 알리고 도움을 요청했다. 비텐부르크에서 보름스까지는 700Km가 넘는 거리였다. 루터는 그 길을 걸으면서 "하나님은 우리의 피난처이시요 힘이시니 환란 중에 만날 큰 도움이시라 그러므로 땅이 변하든지 산이 흔들려 바다 가운데 빠지든지 바닷물이 흉용하고 뛰놀든지 그것이 넘침으

보름스 대성당

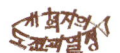

로 산이 요동 할찌라도 우리는 두려워 아니 하리로다 셀라"(시편46:1-3)하는 말씀에 힘을 얻고 하이델베르크를 지나 보름스로 향했다. 보름스에 도착한 루터는 잠 못 이루며 〈내 주는 강한 성이요〉란 찬송시를 짖고 기도하며 제국회의에 불려 나갔다. 제국회의에 선 루터는 반박문을 철회하지 아니하면 화형에 처해질 것을 잘 알면서도 "취소할 수도 없으며 취소하고 싶지도 않다."고 항변 하였다.

  그 시간 루터가 서 있던 곳에 나도 서 있다. 이 순간 루터의 신앙과 열정을 생각하니 눈시울에 이슬이 서린다. 큰 환란에서 나를 구하여 내실 것을 믿으면서...

내 주는 강한 성이요 방패와 병기 되시니 큰 환란에서 우리를 구하여 내시리로다
옛 원수 마귀는 이때도 힘을써 모략과 권세로 무기를 삼으니 천하에 누가 당하랴

내 힘만 의지할 때는 패할수 밖에 없도다 힘있는 장수 나와서 날 대신하여 싸우네
이 장수 누군가 주예수 그리스도 만군의 주로다 당할 자 누구랴 반드시 이기리로다

이 땅에 마귀 들끓어 우리를 삼키려하나 겁내지말고 섰거라 진리로 이기리로다
친척과 재물과 명예와 생명을 다 빼앗긴대도 진리는 살아서 그 나라 영원하리라

루터가 보름스에 와서 섯던 그 자리

루터, 얀 후스, 사보나롤라, 왈도, 잔 위클리프. 요하네스 로이힐린,
필립 멜랑히톤, 프리드리히 1세, 필립 백작. 아우크스부르크, 슈파이어, 마그데부르크

개혁자들의 동상이 세워져 있는 보름스의 루터 광장

독일어 성경이 탄생한 바르트부르크에 오르다

루터가 보름스에서 재판을 받고 화형에 처해질 그날 밤!

루터는 작센의 선제후 프리드리히가 보낸 밀사에 의해 납치당하듯 극적으로 그의 영지인 작

센 지방의 바르트부르크Wartburg 성으로 피하였다. 루터는 이곳에서 라틴어 성경을 11개월 만(1521. 4-1522. 2. 11)에 독일어로 번역하였다.

바르트부르크로 오르는 길, 끝없이 이어지는 높은 계단이 그의 고난을 상징하는 듯하다.

예수께서 대답하여 가라사대
이 물을 먹는 자마다 다시 목마르려니와
내가 주는 물을 먹는 자는 영원히 목마르지 아니하리니
나의 주는 물은
그 속에서 영생하도록 솟아나는 샘물이 되리라
-요한복음 4 :13-14

바르트부르크 성

바르트부르크 성에서 다시 비텐부르크로 돌아온 루터는 수녀인 카타리나 본 보라Katharina von Bora를 사랑하여 그녀와 결혼 하였다. 그러자 이에 대한 비난이나 반감도 적지 않았다. 하지만 루터는 말씀을 의지하며 참을 수 있었다. 그 후, 3남 3녀를 낳았으나 남매男妹를 먼저 주님 품으로 보내는 아픔도 겪었다. 그럼에도 루터의 개혁에 대한 의지는 여전했다.

말년末年에 고향 아이슬레벤으로 돌아와 안드레아스 교회의 설교자로 봉사하던 루터는 마지막 설교를 마치고 이틀 후 소천 하였다. 그의 장례 예배는 선배요 동역자였던 멜랑히톤이 집례 하였다(1546. 2. 18).

비텐베르그 성 교회 안뜰에 있는
카타리나 본 보라의 동상

헤른후트의 영주 진젠돌프

Nicholas Ludwig Von Zinzendorf(1700-1760)
세계 선교의 요람

유럽의 가톨릭교회는 후스전쟁과 루터의 종교개혁에 따른 개신교와의 갈등이 극에 달했다. 그때 독일의 황제 루돌프는 개신교에게 자유를 허락했으나, 페르디난드 교황이 즉위한 로마 가톨릭은 개신교를 무차별 핍박하였다. 개신교도들의 재산을 몰수하고 살생도 주저하지 않았다. 이에 반하여 모라비아 지방의 개신교도인 모라비안 형제들은 후스파와 유럽 개신교도들과 합세하여 로마 교회에 적극 항전하였다.

그 항전으로 개신교 목회자 620명이 사망했으며 동시에 흑사병이 유럽을 휩쓸어 유럽 전체의 인구 절반이 줄었다. 그로 인하여 유럽이 다시 앞을 볼 수 없는 암흑시대로 빠져들었다. 이 때문에 모라비안 형제들도 고향을 떠나 유럽 각지로 흩어질 수밖에 없었다. 그중 일부는 국경을 넘어 독일의 작센Sachsen 지역으로 피난해 왔다. 그때 작센 지역의 백작 진젠돌프는 역경에 처한 모라비안 형제들을 받아드려 자신의 영지인 베델스도르프Bethelsdorf에 헤른후트Herrnhut(주님의 보호) 라는 피난처를 제공해 주었다(1724년).

신앙의 자유를 얻은 모라비안 형제들은 경건주의자들의 신앙을 본받아 오직 성령Sola Scriptura, 오직 믿음Sola Fide, 오직 은혜Sola Gratis만을 갈망했다. 더불어 가난과 청빈한 삶이 오히려 기쁨과 은혜가 되었다. 그뿐인가 유럽의 복음화와 세계선교의 꿈을 이루기 위하여 후트버그 기도처에서 하루 24시간 쉼 없이 연이어 기도 하기를 100년 동안이나 지속하고 있었다. 그리고 삶의 호흡이 지면 하나님의 영지 Gottesacker란 헤른후트의 아늑한 동산에 이름도 없이 묻혔다.

유럽의 복음화와 세계선교를 위해
하루 24시간 쉬임없이 기도하는 **후트버그 기도처**

오직 복음만을 위한 모라비안 형제들의 삶을 돌이켜 보면 그 중심에 진젠돌프의 아내 도로태아E. Dorothea가 있다. 그녀는 진젠돌프의 경건주의 신앙을 적극적으로 실천했다. 지금도 헤른후트의 형제들 교회는 오르간과 전등 외에는 아무것도 걸려있지 않다. 다만 청빈한 삶의 상징인 흰색으로, 성도들의 의자도 나무 의자로 예배당을 채우고 있다.

"나를 위하여 새긴 우상을 만들지 말고 또 위로 하늘에 있는 것이나…"

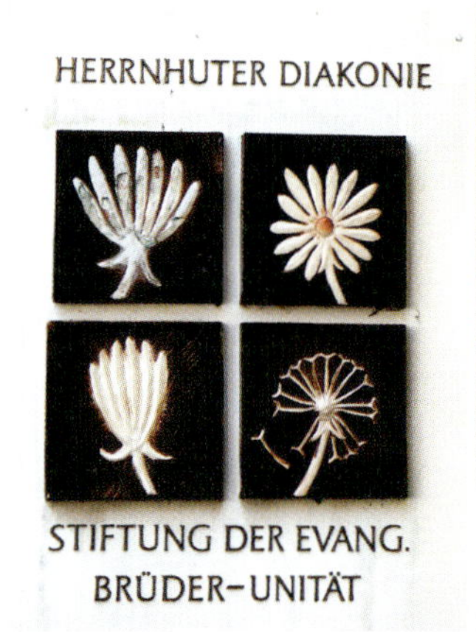
HERRNHUTER DIAKONIE
STIFTUNG DER EVANG.
BRÜDER-UNITÄT

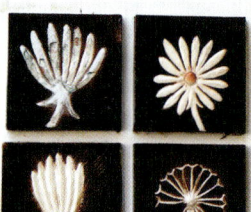

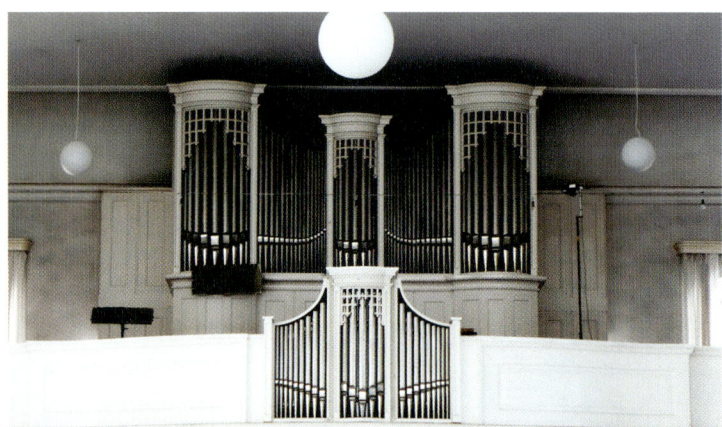

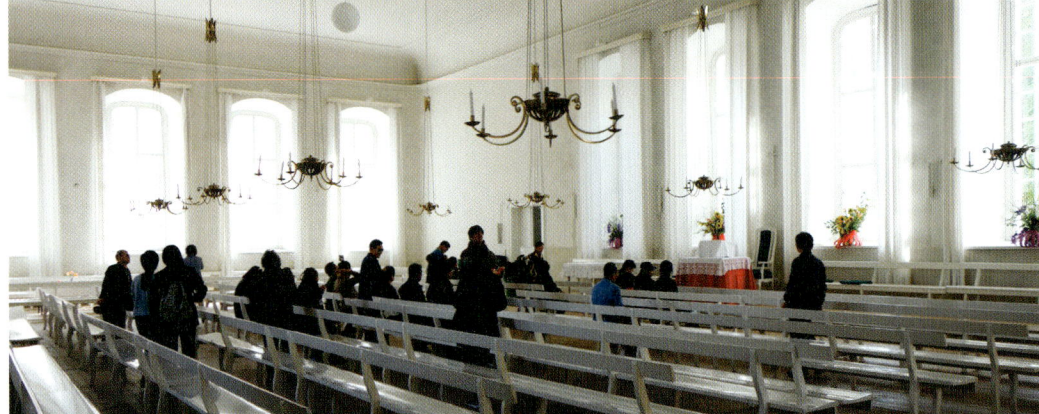

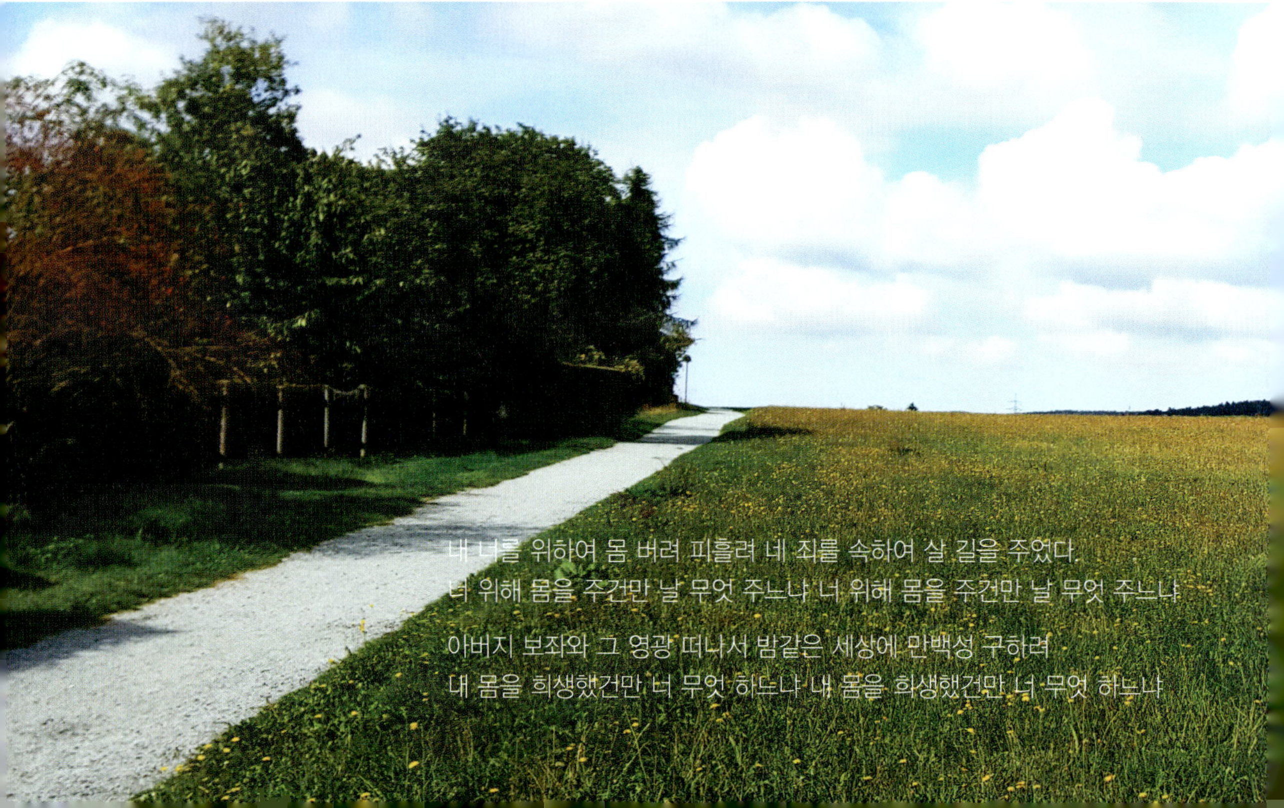
내 너를 위하여 몸 버려 피흘려 네 죄를 속하여 살 길을 주었다.
너 위해 몸을 주건만 날 무엇 주느냐 너 위해 몸을 주건만 날 무엇 주느냐
아버지 보좌와 그 영광 떠나서 밤같은 세상에 만백성 구하려
내 몸을 희생했건만 너 무엇 하느냐 내 몸을 희생했건만 너 무엇 하느냐

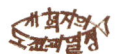

진젠돌프는 1700년, 독일의 드레스덴에서 출생했다. 그는 독실한 크리스찬 가정에서 자랐으며 할레 대학에서 유럽의 경건주의자 프랑케에게 신앙 교육을 받았다. 그 시절, 동료 5명과 함께 동아리를 조직하고 학원 복음화에 전력을 기울였다. 그 후 1719년, 유럽을 여행하던 중 어떤 화랑에 들러 Eccehomo란 그림 앞에서 시선이 멈추었다. 그림 아래에는 〈내 너 위하여 이 모든 것을 주는데 너는 나 위하여 무엇을 주느냐〉라는 글이 적혀 있었다. 그 순간 심장을 두드리는 맥박 소리는 그의 간담에 스며들었고 억제할 수 없는 감동은 주의 사랑의 줄에 묶여 버렸다.

이 그림 에케호모는 이탈리아의 화가 도메니코 페티 Domenico Petti의 작품이다. 빌라도의 법정에서 유대인들이 예수를 십자가에 못 박으라고 소리 지르며 소동할 때 "빌라도가 세번째 말하되 이 사람이 무슨 악한 일을 하였느냐 나는 그 죽일 죄를 찾지 못하였나니 때려서 놓으리라 한대 저희가 큰 소리로 재촉하여 십자가에 못 박기를 구하니 저희의 소리가 이긴지라"(눅23:22-23).

그때 빌라도가 예수님을 가리켜 "이 사람을 보라(에케호모)" 라고 했다.

죄중에 빠져서 영 죽을 인생을 구하여 주려고 나 피를 흘렸다
네 죄를 대속했건만 너 무엇 하느냐 네 죄를 대속했건만 너 무엇 하느냐

한없는 용서와 참 사랑 가지고 세상에 내려와 값없이 주었다
이것이 귀중하건만 날 무엇 주느냐 이것이 귀중하건만 날 무엇 주느냐

그 후 진젠돌프는 1734년, 루터파 교회의 목사로 안수 받고 형제들을 위한 교회를 자신의 영지인 헤른후트에 세우고 형제들의 수장이 되어 세계 선교에 앞장섰다. 그뿐 아니라 그들이 파송한 선교지를 순회하며 학교를 세우고 병들고 가난한 자를 돕는 일에 자신의 모든 재산을 아낌없이 봉헌하였다. 그 후, 1760년 5월 9일 주님의 부르심을 받은 진젠돌프는 형제들의 묘지에 잠든 부인 도로태아Dorothea 무덤 곁에 나란히 묻혔다.

　진젠돌프 사후死後에도 형제들의 기도와 선교는 여전했다. 그 결과 1803년, 귀츨라프는 조선땅으로, 레온하르트, 도버, 다비드 그외 니츠만은 서西 인도로 파송하였다. 또한 윌리암 케리나 죠지 뮬러도 모라비안 형제들이 파송한 선교사였다. 그 후 1930년에 발표된 선교의 결과는 독일과 스위스, 네델란드, 영국, 덴마크, 러시아, 이집트, 남아프리카, 그린랜드, 그리고 북미와 발트해의 여러 나라들 합하여 총 14개국에 3,000명 이상을 파송했다.

　더불어 영국의 여류 찬송 작사가 하버갈F.R. Havergal은 에케호모에 감동해 〈내 너를 위하여〉란 찬송시詩를 남겼다. 비록 작은 그림이지만 그 안에 예수 그리스도의 생명이 있어 진젠돌프나 하버갈 같은 믿는자의 살아있는 열매를 맺은 것이 아닌가?

후트버그 기도처에서
세계 선교의 길을 열기 위해 내려가는 길

독일의 개혁 교회들

성 니콜라이 교회
카이저 빌헬름 교회
프라우엔 교회
토마스 교회

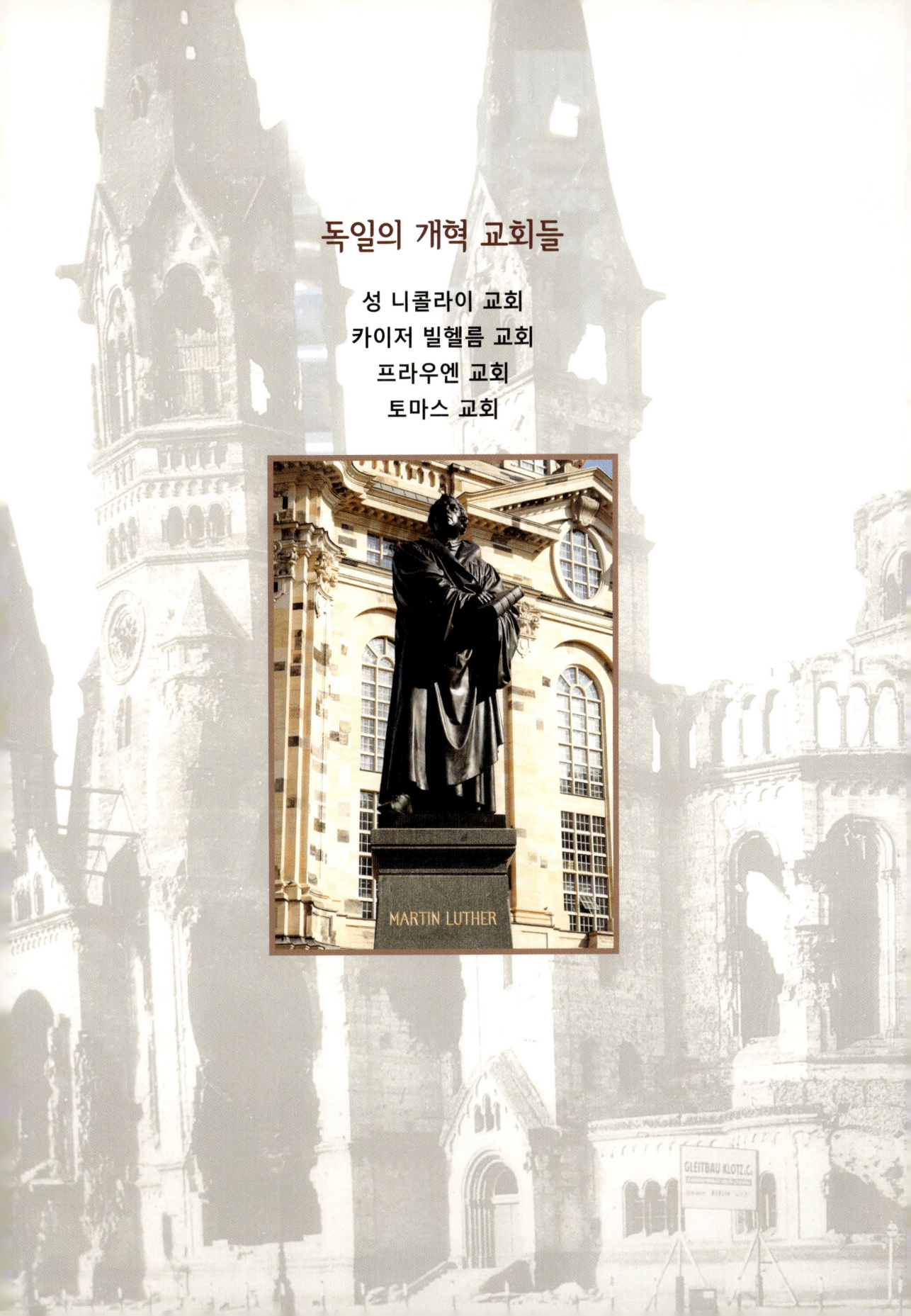

성 니콜라이교회 St.Nikolaikirche

1165년에 지어진 니콜라이 교회는 토마스 교회와 함께 라이프치히의 대표적인 개신교회로 소개하고 있다. 무엇보다 마르틴 루터가 방문했고 바흐가 이 교회의 오르간을 연주했다는 것이 자

랑이다. 지난 1980년 독일의 민주주의 선거와 여행의 자유 그리고 동서東西로 갈라진 베를린 장벽이 무너지기를 바라는 기도회가 이 교회에서 처음으로 시작되었다. 처음에는 몇 명 정도의 작은 모임이었으나 시간이 지날수록 그 숫자는 헤아릴 수 없이 늘어났다. 그 후 1980년대 말에는 매주 월요일에 교회를 중심으로 수많은 사람이 몰려들었다.

어느 기록에는 10만 명 이상이나 모여 평화의 행진이 시작되었다고 한다. 이 커다란 민중의 모임을 '월요데모'라 불렀으니, 그 기도와 행진의 결과로 여리고 성이 무너지듯 1989년 11월 9일 드디어 콘크리트 장벽이 무너져 동서가 하나가 됐다.

그날을 기념하기 위하여 건축가 안드레아스 스퇴츠너가 교회 안팎에 종려나무 기둥을 세웠는데, 이는 기독교인들의 순결과 무저항無抵抗의 승리며 기도의 열매임을 말없이 증거하고 있다. 이후로 지금까지 예배와 각종 기도회는 물론이고 교회음악이 절기에 따라 연주되고 있다. 이토록 바람직한 교회가 한국에도 있다면 휴전선이 뚫리고 남북이 하나가 되는 자유 통일이 이루어질 것을 확실히 믿는다. 오직 복음으로 통일이 되는 그날을 간절히 바라는 마음으로 순례의 길을 이어간다.

생 니콜라이교회

카이저 빌헬름 교회 Kaiser Wilhelm Gesllschaft

　독일의 첫 번째 황제였던 빌헬름 1세의 영광을 기념하기 위해 19세기에 지어진 카이저 빌헬름 교회 역시 제2차 세계대전 당시 연합국의 폭격을 받아 무참히 파괴되었다. 베를린 시는 전쟁의 참혹함과 파괴가 된 독일을 기억하자는 의미로 교회 건물을 보수하지 않고 대신 바로 옆에 육각형으로 된 교회를 새로 지었다. 과오를 솔직하게 인정하고 역사의 교훈으로 삼은 정신에 감탄하며 교회를 둘러보았다. 파괴된 건물의 1층에는 전시관이 마련되어있다.

　새로 건축한 성전의 신비로운 푸른빛의 스탠드 글라스가 매우 인상적이었다. 돌아서 나오며 멈추어 버린 시계에 눈이 머문다. 멈출 수도 없고 되돌아 갈 수도 없는 인생 여정에서 순교자의 흔적을 찾아다니는 나의 모습을 주님은 어떻게 보실까?

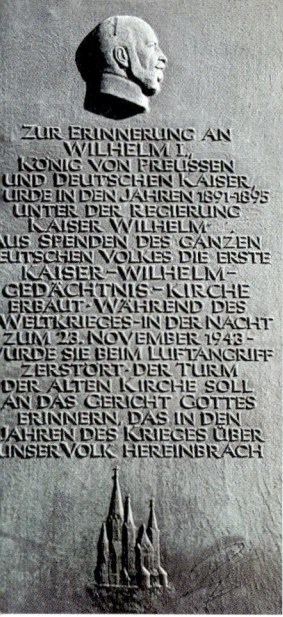

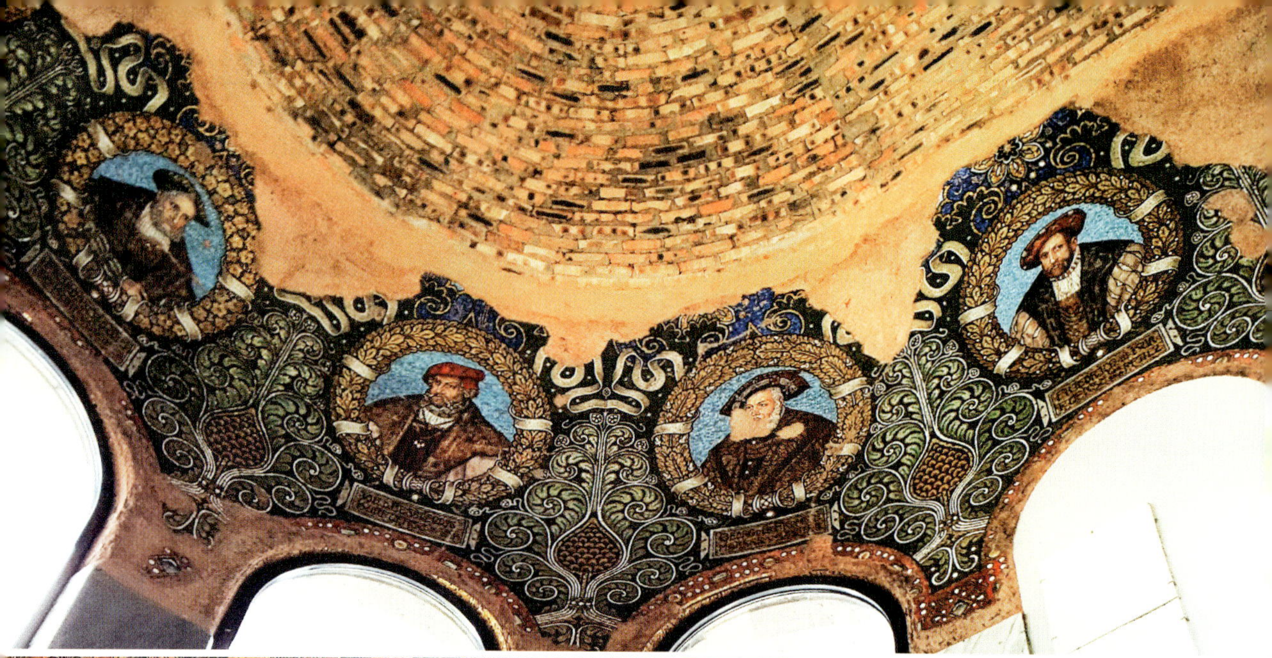

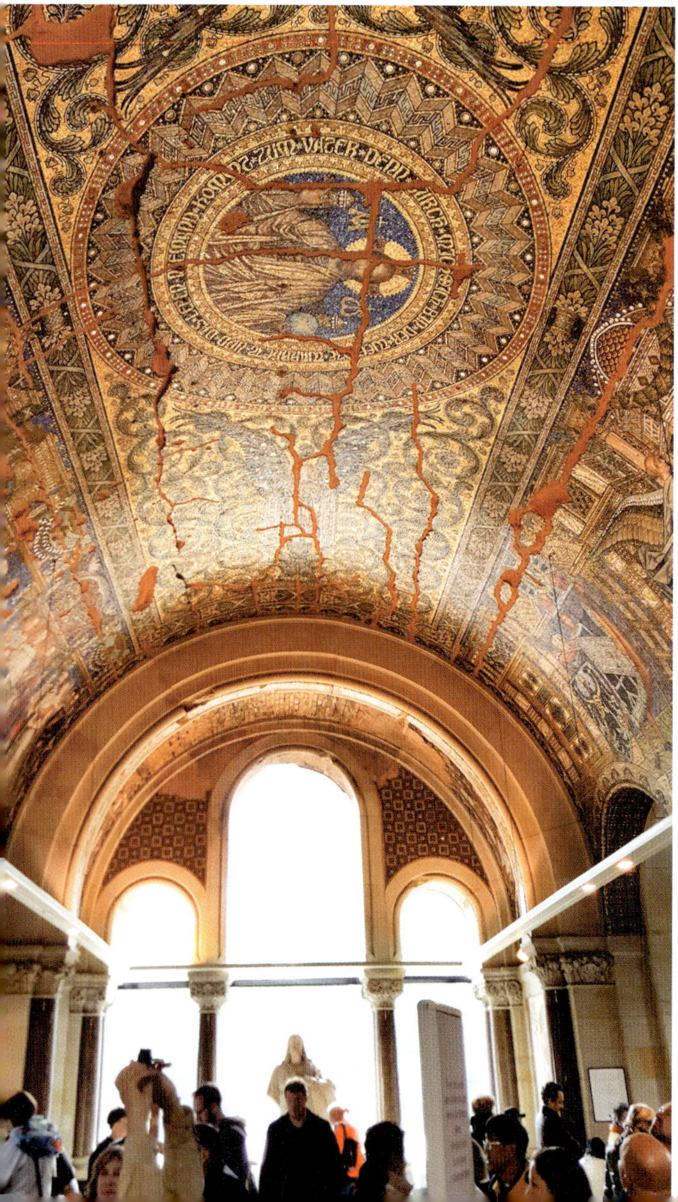

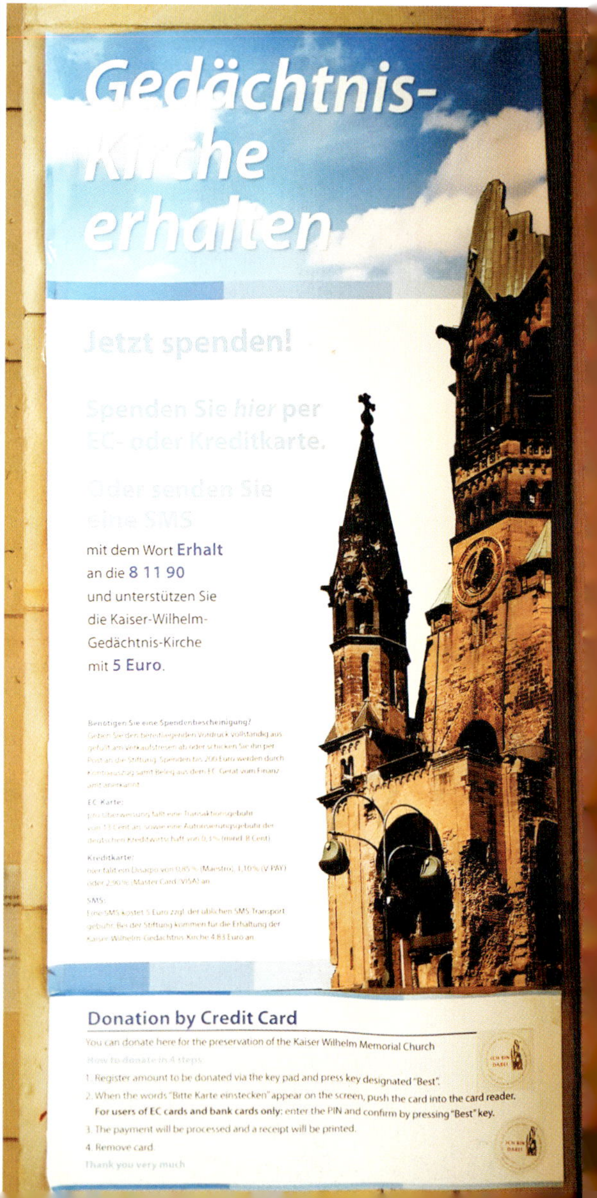

Gedächtnis-Kirche erhalten

Jetzt spenden!

Spenden Sie *hier* per EC- oder Kreditkarte.

Oder senden Sie eine SMS

mit dem Wort **Erhalt**
an die **8 11 90**
und unterstützen Sie
die Kaiser-Wilhelm-
Gedächtnis-Kirche
mit **5 Euro**.

Donation by Credit Card

You can donate here for the preservation of the Kaiser Wilhelm Memorial Church

How to donate in 4 steps:

1. Register amount to be donated via the key pad and press key designated "Best".
2. When the words "Bitte Karte einstecken" appear on the screen, push the card into the card reader.
   For users of EC cards and bank cards only: enter the PIN and confirm by pressing "Best" key.
3. The payment will be processed and a receipt will be printed.
4. Remove card.

Thank you very much.

새 성전의 황동 예수상

프라우엔 교회 Frauenkirche

엘베강 강변 노이마르크트 광장에 있는 프라우엔 교회는 바로크 양식의 대가인 게오르게 베어 George Bahr가 17년 동안(1726-1743. 11. 25) 설계하며 건축하였다. 그 후 교회의 파이프 오르간은 고트프리드 실버만G.Silberman이 제작하였고, 바흐Bach가 이 오르간을 연주하였던 유서 깊은 교회다. 그러나 세계 1차 전쟁(1914년)을 치르면서도 무너지지 않았던 교회가 제2차 세계대전 당시 연합군의 폭격으로 완전히 파괴되었다.

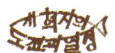

　전쟁이 끝난 후 드레스덴 시민들은 무너진 돌들을 모아 보관하며 교회 재건축의 꿈을 키워 왔다. 그 중 독일계 미국인 생물학자인 귄터 블로벨Gunter Blobel이 어린 시절 프라우엔 교회의 아름다웠던 기억을 되살리며 1994년 교회 재건 사업에 앞장섰다. 그사이 1999년 노벨 의학상을 받게 되자 그 모든 상금을 공사 자금으로 기부하였다.
　그 일로 인하여 각계각층의 기부자들이 합세하여 2005년 재건이 끝나 옛 모습을 되찾게 되었다. 그리고 교회 앞 광장에 루터의 기념상을 세우고 이 교회가 개신교protestant 교회라는 것을 세상에 알리고 있다.

프라우엔 교회

프라우엔 교회의 파이프오르간
1736년 고트프리트 질버만이 제작하여 그해 12월 1일에 J.S 바흐가 연주하였다.

복음주의 종교개혁자 마르틴 루터 기념상

독일 드레스덴의 궁정 교회 Katholische Hofkirche

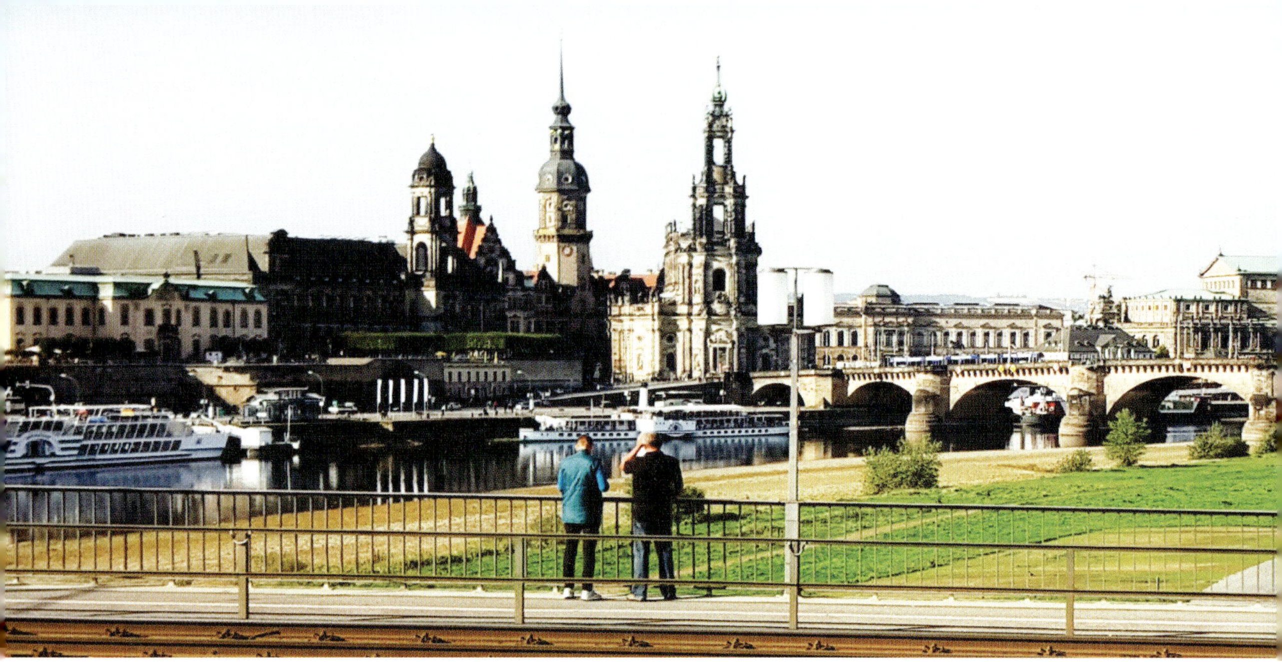

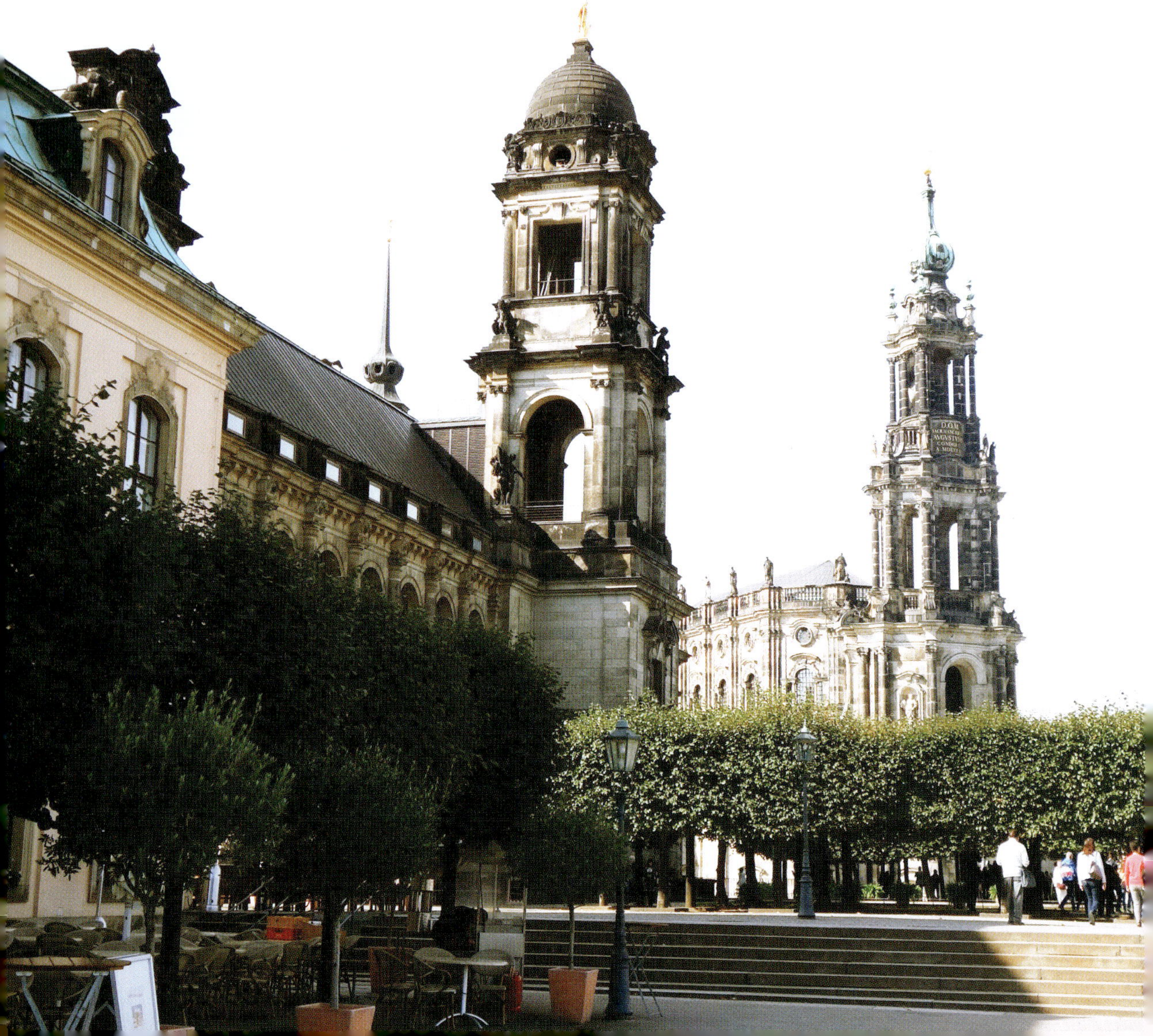

토마스 교회 Thomaskirche
마태수난곡이 초연 되었던 교회

　토마스 교회는 1212년에 건축되었으나 1539년 루터가 방문하여 종교개혁에 관하여 설명한 후 1885년 프로테스탄트 교회로 개축되었다.

　'음악의 아버지'라고 불리는 독일의 작곡가 바흐 Johann Sebastian Bach가 1723년부터 칸토르로 취임하여 여생을 이곳에서 보냈다. 교회 내에는 바흐와 관련된 박물관도 마련되어 그가 이 교회에 재직하면서 연주했던 악기, 그의 악보 등이 전시되어 있다. 강단 바닥에는 바흐가 잠들어 있어 토마스 교회를 찾는 사람들이 지금도 그를 추모하고 있다.

　토마스 교회는 바흐 뿐만 아니라 모짜르트와 멘델스존도 이 교회에서 오르간을 연주했고 바그너는 이 교회에서 세례를 받아 세계 문화에 있어 중요한 장소로 여기고 있다.

바흐의 무덤

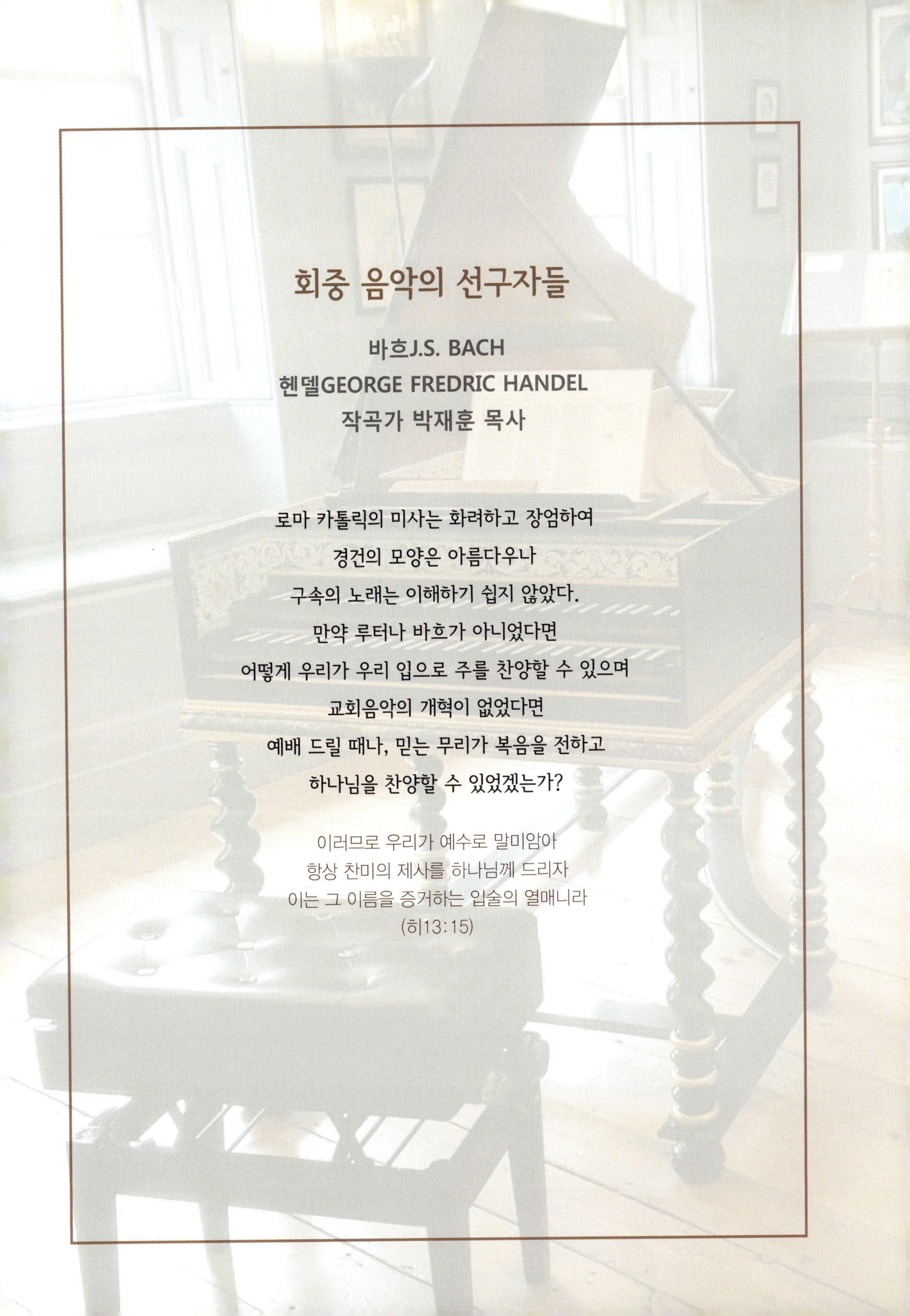

회중 음악의 선구자들

바흐 J.S. BACH
헨델 GEORGE FREDRIC HANDEL
작곡가 박재훈 목사

로마 카톨릭의 미사는 화려하고 장엄하여
경건의 모양은 아름다우나
구속의 노래는 이해하기 쉽지 않았다.
만약 루터나 바흐가 아니었다면
어떻게 우리가 우리 입으로 주를 찬양할 수 있으며
교회음악의 개혁이 없었다면
예배 드릴 때나, 믿는 무리가 복음을 전하고
하나님을 찬양할 수 있었겠는가?

이러므로 우리가 예수로 말미암아
항상 찬미의 제사를 하나님께 드리자
이는 그 이름을 증거하는 입술의 열매니라
(히13:15)

바흐

J.S. BACH(1685.3.21 – 1750.7.28)
찬트Chant에서 회중(교회)음악으로의 개혁

음악의 아버지, 혹은 바로크 음악의 완성자라 불리는 바흐는 독일 중부 튀렝겐 지방에 있는 아이제나흐Eisenach의 요한 암브로시우스 J.Ambrosius의 8번째 아들로 태어났다.

암브로시우스는 독실한 프로테스탄트 기독교인으로 1671년 아이제나흐의 시청과 교회 그리고 궁정 음악가로 임명받았다.

그는 개신교회의 예배를 위한 시편 성가를 작곡하였으며 그 형식을 암브로시우스 성가라고 한다. 그러나 바흐는, 부모가 일찍이 세상을 떠나므로 당시 저명한 오르가니스트인 맏형 요한 크리스토프에게 맡겨져 오르간과 음악을 배웠다.

1707년, 22살이 된 바흐는 마리아 바르바라와 결혼하여 일곱 자녀를 낳았으나 아내가 일찍이 타계하자(1720년) 다음 해 안나 막달레나와 재혼 했다. 그 후, 바이마르의 궁정 오르가니스트로, 쾨텐에서는 악장장으로 있으면서 클라비어곡, 관현악곡, 그리고 실내악곡 등을 작곡하였다.

1723년, 드디어 교육과 문화의 도시 라이프치히의 토마스 교회와 부속 음악학교의 합창장(칸토르)으로 자리를 옮겼다. 거기서 27년간 음악과 라틴어를 가르쳤고, 교회 찬양대를 훈련 시켰으며, 니콜라이 교회가 필요한 칸타타와 수난곡 등을 작곡하였다. 그때 유명한 오라토리오 〈마태수난곡〉을 1729년에 완성하여 4월 15일 토마스 교회에서 초연하였다.

마태수난곡은 마태복음(26장-27)에 기록된 말씀을 배경背景으로 H.L.Hassler가 작곡한 찬송가를 바흐가 다시 정리하여 마태수난곡으로 탄생시켰다.

그 후 1750년까지 수많은 명곡들을 작곡하였으나 안질로 고생하다 비교적 젊은 나이인 65세에 소천 하였다. 그중 100여 곡은 분실되고 100여 년의 세월이 지나자 마태수난곡 마저 잊혀지고 말았다. 그러다가 작곡가 멘델스존의 눈에 띄어 다시 새롭게 태어났으며, 1829년 3월 11일, 토마스 교회에서 또다시 연주되기 시작하였다.

총 78곡으로 정리된 마태 수난곡은 3시간이 넘는 대작이다. 그러므로 교회 음악을 사랑하고 애창하는 모든 자들에게는, 찬미의 제사에 함께 하는 감동과 큰 은혜를 체험하게 될 것이다.

전곡중 제1부는 예수께서 피땀을 흘리셨던 겟세마네의 기도와 가룟유다의 입맞춤, 그리고 군병들에게 잡히셨던 밤중의 아리아며, 제2부는 대제사장 가야바 뜰에서 네가 참으로 하나님의 아들이냐 하는 독창과 유대인들의 멸시와 천대를 합창으로 대응對應한다. 그러자 곧 닭이 울고, 베드로가 가슴을 찢는 애통한 마음으로 노래한다.

오 거룩하신 주님 그 상하신 머리 조롱과 욕에 쌓여 가시관 쓰셨네
아침해 처럼 밝던 주님의 얼굴이 고통과 치욕으로 창백해 지셨네

참으로 애절하기 그지없는 선율이다. 이 곡은 베드로의 고백이지만, 어쩌면 죄 많은 우리 인간들의 나약한 흐느낌이며, 주를 믿는 성도들의 간절한 소망이기도 하다. 곡은 계속하여 마태복음 27장의 말씀을 노래한다. 이전 바흐는 종교개혁을 기념하여 루터가Luther가 보름스 제국회의에 불려가면서 시편 46편의 말씀에 힘을 얻고 작사, 작곡한 찬송 "내 주는 강한 성이요"를 교회 연주용으로 편곡하였다. 그것이 칸타타 80번이다. 루터는 화형에 처할 줄 알면서도 오직 하나님만 믿고 의지하자고 했다.

바흐가 남긴 작품은 1,080여 곡이 넘는다. 그러나 어느 곡도 소홀함이 전혀 없는 공교한 작품들이다. 그중 개신교 예배와 찬양을 위한 무반주 합창곡 형식(모테트)으로 교회음악도 개혁되었다고 볼 수 있다. 이에 영국에서는 바흐를 '화성harmony의 아버지'라 했으며 음악사에서는 '음악의 아버지'라 불리고 있다.

그는 b단조 미사곡과 200곡 이상의 칸타타와 요한 수난곡, 오르간 협주곡, 프랑스 모음곡, 클라비어곡 '반음계적 환상곡과 푸가' 바흐 인벤션, 영국 모음곡, 평균율 클라비어 1, 2번, 골드베르크 변주곡, 실내악곡, 관현악 모음곡, 브란덴부르크의 6개의 협주곡, 그리고 푸가의 기법과 바이올린을 위한 협주곡 등 셀 수 없는 수많은 클래식 음악과 교회음악을 작곡하였다.

바흐는 예배시 전례음악liturgical을 매우 중요시하였고, 비 전례음악not liturgical은 연주회나 전도용으로 사용하도록 확실히 구분하였다.

만약 루터나 바흐가 아니었다면 어떻게 우리가 우리 입으로 주를 찬양할 수 있으며 교회음악의 개혁이 없었다면 예배 드릴 때나, 믿는 무리가 복음을 전하고 하나님을 찬양할 수 있었겠는가?

> 이러므로 우리가 예수로 말미암아 항상 찬미의 제사를 하나님께 드리자 이는 그 이름을 증거하는 입술의 열매니라(히13:15)

토마스교회에는 멘델스존의 기념상이 있다. 그것은 잊혀지려 했던
바흐의 마태 수난곡을 발굴해 연주한 공로를 인정 받았기 때문이다.

헨델
GEORGE FREDRIC HANDEL(1685.2.23 – 1759.4.14)

 헨델은 바흐와 같은 해 독일 작센주 할레에서 태어났다. 그 후 영국으로 건너가 영국 시민으로 귀화했기 때문에 그의 연혁에는 영국인으로 되어 있다. 그의 아버지 프레드릭은 헨델이 법률가가 되기를 원했으나 헨델이 11살이 되던 해에 타계하고 말았다. 그때 헨델은 아버지의 원대로 법률가가 되기 위하여 할레대학 법학과에 입학하였다. 그렇지만 법률가 보다 음악에 관심이 많았고, 음악적 재질도 뛰어나 오르간과 바이올린 그리고 쳄발로를 더 열심히 연습했다.

 그 후 18살이 되었을 때 함부르크Hamburg 오페라 극장의 바이올리니스트로 취직하자, 법률가의 꿈을 과감히 접고 음악가의 길로 방향을 바꾸었다. 2년 후 그의 최초의 오페라 〈알미라Almira〉를 작곡하여 음악가로 인정받고 이태리로 연주 여행을 떠났다. 그 후 독일로 돌아온 그는 하노버 선제후의 추천을 받아 궁정 악장으로 취임하여 활동하다가 잠시 휴가를 얻어 영국을 보기 위하여 런던에 도착했을 때 영국 왕실의 눈에 띄어 여왕 앤Queen Anne의 천거로 왕실 악장에 임명 되었다. 그 후로부터 헨델은 영국에 거주하며 음악 활동을 계속하였다. 그러나 앤Anne의 갑작스런 타계는 헨델에게 충격이었다.

 그 후, 하노버 왕조의 조지George 1세가 영국 왕이 되자(1714) 왕실과의 관계가 한때 소홀해졌으나 데임스 강변에서 신곡 〈수상 음악〉의 공연을 성공리에 마치자 왕실의 시선을 다시 끌게 되었다. 그 일로 말미암아 국왕의 재가를 얻은 헨델은 로열 아카데미 음악 학교를 설립하고, 그 학교의 음악 감독이 되었다. 그는 계속하여 오페라 라다미스트, 오토네 그리고 쥴리어스 시저를 줄지어 발표하여 세간을 놀라게 했다.

 그러나 헨델은 무리한 창작 활동으로 신병身病인 시력이 약해졌으나 기적적으로 회복되어 파라몬도와 세르세를 완성 하였다. 그 사이 성경에 기록된 히브리 사람들의 이야기에 감동感動 받아 〈사울Saul〉과 〈이집트의 이스라엘〉을 발표한 후, 성경 말씀을 배경으로 오페라에서 비전례 not liturgical 음악인 오라토리오로 작곡 성향을 바꾸게 되었다.

 드디어, 1741년, 불멸의 명곡名曲 〈메시아〉를 작곡한 후 이어서 삼손, 세메레, 요셉, 벨사살, 헤

라클레스, 쥬다스 마카비우스, 알렉산더 발루스, 여호수아, 수잔나, 솔로몬 등을 줄줄이 작곡하였다. 마침내 1748년 아헨 평화 조약을 축하하기 위하여 〈왕궁의 불꽃놀이〉를 런던의 그린 파크에서 초연하고 난 후 1752년, 자신의 고향 독일 할레를 마지막 방분하고, 1759년 4월 14일, 74세의 일기로 소천 하였다. 그 유해는 웨스터 민스터 수도원에 안장 되었다.

구원의 기쁜 소식 <메시아>

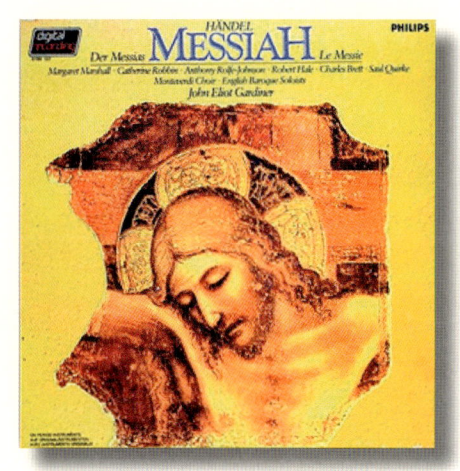

희대의 역작 그리고 불후의 명곡 중의 명곡이라는 오라토리오 메시아는 말만 들어도 은혜가 춤을 춘다. 그중에서 할렐루야 합창 소리는 듣는 순간마다 심장의 박동이 빨라진다. 이는 들을 귀 있는 자들의 양식이요 호흡이 아닌가!

이 곡은 1741년 56세에 작곡을 시작하여 불과 24일 만에 완성했다고 한다. 이는 성령의 도움 없이는 결코 이룰 수 없는 기적과 같은 일이다.

총 53곡으로 이루어진 메시아의 제1부는, 예수 그리스도의 예언과 탄생을 노래하고 있다. 서곡과 레시타티브recitative(서창)에 이어 테너 아리아aria "내 백성을 위로하라"에서 21번째 곡 "그 멍에는 쉽고 그 짐은 가벼워"로 마친다. 제2부는, 수난과 속죄로써 "하나님의 어린양"과 44번 할렐루야 합창으로 끝나고, 이어 제3부는 부활과 영생으로 "내 주는 살아계시고"와 마지막 53번 "죽임 당하신 어린양과 아멘"으로 전 곡을 마치게 된다. 이 합창곡의 특징은 대위법counterpoint 합창으로 웅장하고, 섬세하고, 화려하기 그지없다. 특별히 마지막 곡 합창 "아멘"은 곡의 완성도뿐만 아니라 신앙의 정점을 노래한다. 이 곡의 대본은 독일의 친구인 챨스 제넨스Charles Jenens가 구약 이사야서와 미가서 그리고 말라기서 등에 기록된 메시아의 상징인 예수그리스도 생애를 그렸다.

이 합창곡 메시아를 더블린Dublin에서 초연初演 하였을 당시 헨델은 "나는 하나님을 만났다"라는 말과 44번 할렐루야 합창을 기록할 때에는 "천사가 내 손을 이끌고 있었다"라는 말은, 메시아이신 예수님을 알지 못한 자들은 도저히 이해할 수 없을 것이다. 그러나 초연은 대성황을 이루었고 언론은 극찬을 아끼지 아니했다.

그 후 1745년, 재공연은 런던에서 왕 죠지2세가 참관하였으며, 2부 할렐루야 합창이 끝나자 국왕은 그 자리에서 벌떡 일어 섰다는 일화가 전해지고 있다.

작곡가 박재훈朴在勳 목사
(1922. 11. 4-)
개혁자와 순교자들의 열매

소리 없이 찾아 든 생명의 양식

　1653년, 화란 사람 선원 하멜Hamel이 탄 배가 일본으로 가던 도중 난파되어 가까스로 제주도 해안에 상륙했다. 하멜이 무려 13년 동안 미지의 조선 땅을 돌며 체험한 여정을 기록한 하멜 표류기가 출간되자 조선이라는 나라가 영국, 프랑스 그리고 독일 등 유럽 개신교회에 알려지게 되었다.

　그 소식을 들은 귀출라프(Karl Gutzlaff, 1803년생)는 네덜란드 선교회의 동방 선교 계획이 있다는 것을 알고 자원하여(1831년) 동남아를 지나 요동반도에 도착했다. 그는 복음의 길을 찾기 위해 6개월 이상 그 땅 주민들과 만났으나 의사소통이 불가하여 고민하고 있었다. 그러자 영국의 로드 앰허스트Lord Amherst 무역선이 잠시 중국에 정박했다가 다시 출항한다는 소식에 또 다른 기회라 생각하고 그 배에 동승하여 오키나와, 대만을 거쳐 조선 땅 충청도 고대도에 도착했다(1832년 7월). 그 섬의 사람들은 가난과 허기가 삶의 운명이라 생각하며 살아가고 있었다. 그 사실을 알게 된 귀출라프는 자신의 비상식량인 감자를 어민들에게 나누어 주며 먹기보다는 재배할 것을 권하고 심는 방법까지 자세히 가르쳐 주었다. 그리고 전도용으로 가지고 온 성경도 나누어 주었다. 처음으로 이 땅 조선에 복음의 씨를 뿌린 것이다.

순교의 피가 스며든 대동강변

　영국 남서부 웨일스Walse 지방의 몸머스셔Monmouthshire 하노버Hanober 교회에서 시무하던 로버트 토마스Robert Thomas 목사는 덕망 있고 영감 넘치는 목회자로 알려졌다. 그는 여섯 명의 자녀를 두었으며 교회와 복음을 위하여 런던선교회에 끊임없이 후원금을 보내고 있었다. 그는 둘째 아들이 태어나자 자기 이름을 따서 로버트 져메인 토마스(Robert.Jermain Thomas 1840-1866)라 했다. 왜 그랬을까! 아버지는 아들 토마스가 자기보다 더욱 월등한 목사이며 선교사가 되기를 바랐던 것이리라. 청년이 된 23세의 토마스는 몸머스셔 지방 유지의 외동딸 캐럴라인과 결혼하였다. 꿈같은 신혼이 시작된 6일 후, 토마스는 목사 안수를 받음과 동시에 런던선교회의 파송을 받아 중국으로 떠났다. 그런데 함께 중국 청나라로 간 아내 캐럴라인은 너무 열악한 환경으로 인해 임신 후유증으로 결국 먼저 천국으로 갔다.

　아내의 사망(1864년)으로 인해 토마스는 실망과 좌절에 빠져 잠시 방황하다가 다시 힘을 얻어 선교의 길을 찾기로 했다. 1866년, 조선으로 가는 미국의 상선 제너럴셔몬호General Sherman를 얻어타고 대동강 하류에 이르렀으나 조선의 쇄국정책으로 인해 상선이 공격을 당하였다. 우여곡절 끝에 토마스는 성경책을 모두 강물에 던지고 그중 한 권을 품에 안고 강변에 상륙했으나 몰려든 조선의 관민들과 포졸들에게 체포되고 말았다. 창에 찔리고 결국은 목 베임을 당하는 순간에도 "이 책을 받으시고 예수, 예수 믿으세요" 하며 절규 했던 26세의 젊은 토마스! 그의 붉은 피가 솟구쳐 대동강변 백사장에 뿌려졌다.

그때 토마스의 목을 벤 박춘권이 그 책을 영문주사 박영식에게 주었다. 책을 받아든 박영식은 지질이 좋아 그 책을 뜯어 안방 벽지로 사용했다. 얼마 후, 최차량이 그 집을 매입해 여관으로 사용하다 벽지에 쓴 글을 읽고 한석진에게 전했다. 한석진이 그 말을 듣고 크게 회개하고 마펫S.A.Moffett 선교사에게 찾아가 세례를 받고 세례교인이 되었다. 바로 이 일들이 한 알의 밀알이 될 줄 누가 알았겠는가! 게다가 여관으로 사용했던 그 집이 예배 처소가 되었으니, 결국 평양에 최초의 교회가 세워진 것이다. 그 교회를 널다리 교회라 했고 1899부터는 장대현(장대재) 교회라 불렀다.

토마스 선교사가 순교한 지 40년, 드디어 영적 각성 대부흥운동이 평양에서 일어났으며 원산에는 성경 연구 그룹이 생겨났다. 더불어 언더우드와 아펜젤러가 제물포에 입항하여 의료와 선교, 교육의 기틀을 마련하기 위해 한양(서울)으로 들어왔다. 그렇지만 일본은 조선을 강제 침탈하여 힘들고 허기진 백성들을 수탈하여 일본으로 쓸어갔다. 이토록 무분별한 일제의 만행에 도전한 조선인들은 죽음을 각오하고 조국의 독립을 온 세상이 알도록 당당히 발표했다. 이때 꽃보다 고운 방년 18세의 유관순이 이화학당에서 공부하다 고향 천안으로 내려와 아우내 장터에서 독립 만세를 외치다 총, 칼을 든 일본군에게 체포(1919.3.1) 되어 서대문 감옥으로 끌려가 옥에 갇혔다. 유관순 열사는 악명 높은 서대문 형무소에서 온갖 고문과 치욕을 당하다 1920년 9월 결국 순국하였다. 그뿐인가! 일본군은 제암리 주민들을 한 사람도 남김없이 예배당에 몰아넣고 창문과 출입문을 모두 봉쇄하고, 그 하나님의 집에 불을 질렀다(1919년 9월). 살아있는 생명이 불에 타는 고통! 그럼에도 불 속에서 드리는 기도와 소원은 오직 조국의 독립이었으리라.

오페라 <유관순>

생명보다 귀한 자유는 누구를 위함인가

 그토록 억울한 핍박을 겪어야만 했던 일제 36년, 드디어 흑암의 세상에서 8.15 해방의 날이 밝았다. 그날에 외쳤던 "대한민국 만세"의 환호는 어떠했을까? 그때 평양에는 선교사 문요한이 설립한, 성경학교와 같은 요한 학교가 있었으며 일제에 피탈 당한 민족의 혼을 다시 깨우려는 신학과, 음악과가 있어 인재들을 배출하고 있었다. 무엇보다 이 학교의 자랑은 이유선 박사와 그의 제자들 장수철, 구두회 그리고 박재훈이었다(1939년).

 그들 중 한국교회에 잘 알려진 작곡가 박재훈 박사를 한 번쯤 뵈나 뵙고 싶었다. 그러던 지난 1983년 따스한 봄바람이 불던 어느 날, 캐나다 큰빛교회 성도들이 찬송과 기도로 새봄을 맞이한다는 모임에 박재훈 목사님도 함께 하신다는 김기일 형제의 말에 귀가 번쩍 띄어 그 자리에 함께 하기로 했다. 그때 마침내 작곡가이며 지휘자이신 박재훈 박사를 처음 뵈었다.

 박재훈 박사는 서울 영락교회와 선명회 어린이 합창단의 지휘자로 잘 알려졌지만, 무엇보다 한국 교회 음악과 하나님만을 찬양하는 찬송 작곡가로 더 존경받고 있었다. 그랬던 그가 이제는 목사가 되어 토론토 큰빛교회를 개척하고 복음을 지휘하는 목회자로 강단에 섰다.

 그 후로 오늘까지 토론토와 LA 사이를 오가는 복스러운 교제를 나누고 있다. 무려 38년 동안이나 조금도 변함이 없다. 그를 대할 때마다 조국과 민족을 사랑하는 특별한 애국자라는 확신이 든다. 그리고 어찌하든 복음을 지키고 전해야 한다는 그의 잔잔한 경고가 늘 마음을 새롭게 한다. 그는 나의 롤 모델이며 모든 크리스천들의 본보기라 생각한다.

 그래서 님의 모든 것을 새기는 것이 후손들에게 남길 유산이라 생각하고 cts 이동진 목사가 진행하는 '소중한 사람들과 함께'라는 프로그램에 초대되도록 주선했다. 그때 신앙인의 사명과 작곡가의 삶을 자상하게 말씀하심을, 필자가 그 대담을 요약했다.

밀알의 열매

한국 교회음악의 아버지라 칭하는 박재훈은 1922년 11월 4일(음력) 강원도 김화군 김성면 방축리 99번지에서 태어났다. 아버지는 농부였고 목수 일도 하였다. 그는 4남 5녀 중 여덟 번째다. 그중 큰 누나가 배화여고 시절 예수를 알고 믿기 시작하여 전 가족이 복음화되었다. 어린 시절 박재훈은 산골 가난한 교회에 있는 풍금(오르간)을 만지면서 음악에 관심과 호기심이 생겼다. 16세가 된 소년 박재훈은 음악가가 되는 것이 큰 꿈이었다.

1937년, 드디어 평양에 있는 형님 박재범 목사의 초청으로 잠시 평양에 머물게 되었다. 그때 유명한 부흥사 조경우 목사의 말씀을 듣고 예수를 개인적으로 만나는 거듭남born again을 체험했다. 그 순간의 기쁨을 누가 알랴! 그는 온종일 찬송을 부르고 벅찬 가슴을 달래며 교회 음악가가 되겠노라 다짐하고 또 다짐했다. 그러나 가정 형편상 일반 음악학교에 들어가기란 너무나 어려웠다. 그래서 선교사가 운영하고 있는 요한 학교에 입학하게 되었다(1939년). 다음 해 4월 드디어 구두회와 함께 본과로 입학하여, 미국 유학을 마치고 귀국한 이유선 교수의 가르침으로 작곡가의 꿈이 현실화하였다. 이러한 일들이 하나님의 특별한 계획이며 열매인 것을 세월이 증거하고 있다.

창작의 열정은 끝 없는 아름다움

누구의 도움도 없는 일본 유학 생활은 참으로 힘들고 어려웠다. 그래서 노동 일을 해야 했고 때로는 굶기도 했다. 게다가 전쟁을 위한 학도병 징집이 있어 부득불 귀국할 수밖에 없어 식음을 절약하며 어렵게 선비를 마련하여 다시 평양으로 돌아왔다. 다시 이유선 교수를 만나 미진했던 화성학을 배웠다. 그 사이 전용택 교수와의 만남은 또 다른 희망이며 즐거움이었다.

어느 날 목사이며 문학가인 전 교수가 시 한 편을 들고 찾아와 읽어보라 권했다. 그 시를 읽는 순간, 참으로 어려움을 겪고 있는 백성들에게 "주께서 어서 오라 하신" 말씀에 그만 숨이 멎는 감격과 충동이 온몸을 저리게 했고 정신마저 아물거리게 했다. 떨리는 가슴을 달래기 위해 잠시 기도하는 중 영감의 멜로디가 머리를 강타한다. 그는 재빨리 오선지에 악보를 그렸다. 그것도 두 종류로. 다음날, 이유선 교수에게 그 악보를 보여주며 한 곡을 골라 주기를 부탁하여 선택된 곡이 "어서 돌아오오 O, Come Home"이란 불후의 명작곡, 한국 찬송가가 된 것이다.

어서 돌아오오 어서 돌아만 오오 /지은 죄가 아무리 무겁고 크기로
주어찌 못 담당 하고 못 받으시리오 / 우리주의 넓은 가슴은 하늘보다 넓고 넓어

　1944년 여름, 강원도 산골 고향에서 쉬고 있던 박재훈은 속히 올라오라는 절친 구두회가 보낸 전보를 받고 평양으로 올라왔다. 내용은 평양 근교에 있는 문동 국민학교에 교사 자리가 있다는 것이다. 서류를 제출하고 교사가 된 다음 해, 여름방학이 되어 강원도 고향에서 쉬고 있을 때 해방의 소식이 들려왔다.

　아! 이 얼마나 기다리고 기다렸던 해방인가. 이제는 자유다. 박재훈은 급히 평양으로 돌아왔는데 이 감격을 노래할 곡이 없었다. 다만 〈푸른 하늘 은하수〉와 〈오빠 생각〉 그리고 몇 개뿐이다. 그 때부터 박재훈은 열정적으로 창작에 몰입했다.

　당시 평양에 있던 김은찬에게 어린이 잡지 〈아이생활〉 100여 권을 빌려 그곳에서 동시童詩 50개를 골라 사흘 만에 〈엄마 엄마 이리 와〉〈다람쥐〉〈시냇물은 졸졸졸〉 그리고 〈송이송이 눈꽃 송이〉 같은 동요 25곡을 작곡하여 학교에서 가르쳤다. 하지만 그 감격도 잠시, 동족상잔의 피비린내 나는 한국전쟁이 일어나 천지가 박살 났다. 1952년에, 6.25 참상을 눈으로 본 석진영이 그에게 한 편의 시를 보내왔다. 시를 읽는 10분 정도, 번개처럼 스치는 멜로디를 적은 것이 〈눈을 들어 하늘 보라〉란 찬송곡이다.

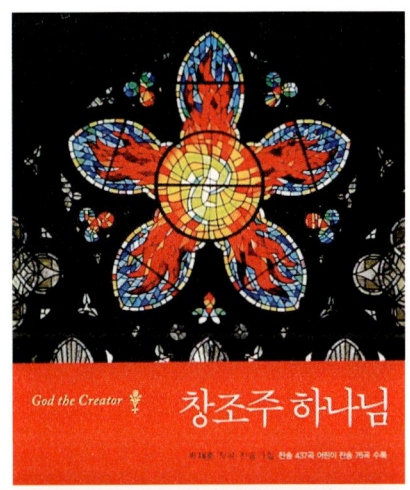

　그 후 박재훈은 오직 창조주 하나님을 찬양하기 위한 교회음악과 오라토리오 〈성 마가 수난 음악〉〈뿌리, 온 땅에 편만하리〉 그리고 창작 오페라 〈에스더〉〈유관순〉〈3.1운동〉〈손양원〉〈요한 수난음악〉 등을 작곡 연주하며 복음만을 전하려고 애쓰시는 모습이 참으로 자랑스럽다. 문득 존경하는 박재훈 목사님의 안부가 궁금해 송구한 마음으로 전화를 드렸다. 박재훈 목사님은 예전에도 그랬듯이 99세의 나이에도 〈건국의 아버지 이승만〉을 작곡하고 계신다고 한다.

오페라 〈손양원〉

부록
무너진 장벽의 회상

통일 독일의 상징 브란덴부르크의 회상 베를린·독일

제2차 세계대전이 끝나갈 무렵 얄타 회담Yalta Conference(1945. 2)과 포츠담 회담(1945. 7. 26)이 연이어 현대사의 한 페이지를 장식했다. 포츠담 회담은 패전국인 독일과 일본에 관한 전후 문제를 처리하기 위하여 미국과 영국, 프랑스 그리고 소련의 수뇌부들이 포츠담에 모였던 국제 회의였다.

회담이 시작된 지 20일 후(1945. 8. 15) 미국이 일본 본토本土에 신新 무기 원자탄을 시험 삼아 투폭하자 일본은 무조건 항복 문서Unconditional Surrender(1945. 9. 2)에 서명할 수밖에 없었다. 이어 독일 영토는 영국과 프랑스, 미국 그리고 소련이 각각 나누어 관리하도록 합의 함으로써 서독과 동독으로 분단되고 말았다.

포츠담 회담이 열린 체칠리엔 호프 궁전

세계 2차 대전이 끝나자 독일은 소련군에게 수많은 약탈과 농락의 수모를 겪어야 했다. 포츠담 회담이 끝난 14년 후, 소련의 서기장 흐루쇼프는 서독으로 이주하는 동독 주민들을 막기 위해 독일의 수도 베를린 마져도 동서東西로 분리하는 장벽을 쌓았다. 이것이 베를린 장벽이다.

하지만 베를린 장벽의 붕괴(1989년)와 더불어 동, 서로 갈라진 독일은 평화적으로 통일이 되었다(1990년). 무너진 장벽 사이에 걸린 사진을 보는 순간 자유를 향한 치열한 열정이 장벽을 무너뜨린 것 처럼 한반도의 휴전선도 무너지는 날이 반드시 올것이라 확신한다.

ACHTUNG!
WEST-BERLIN

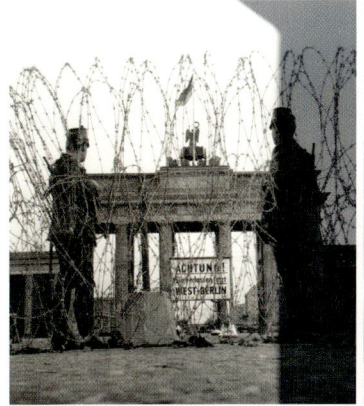

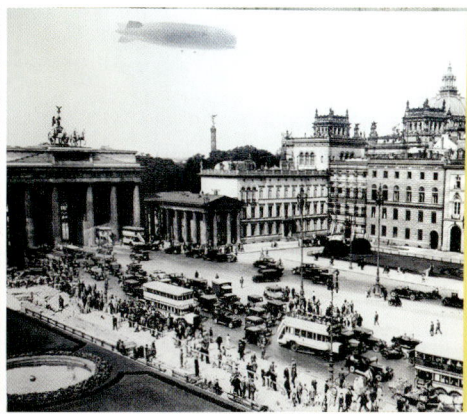

DAS BERLIN DER
WEIMARER REPUBLIK
BERLIN IN THE
WEIMAR REPUBLIC

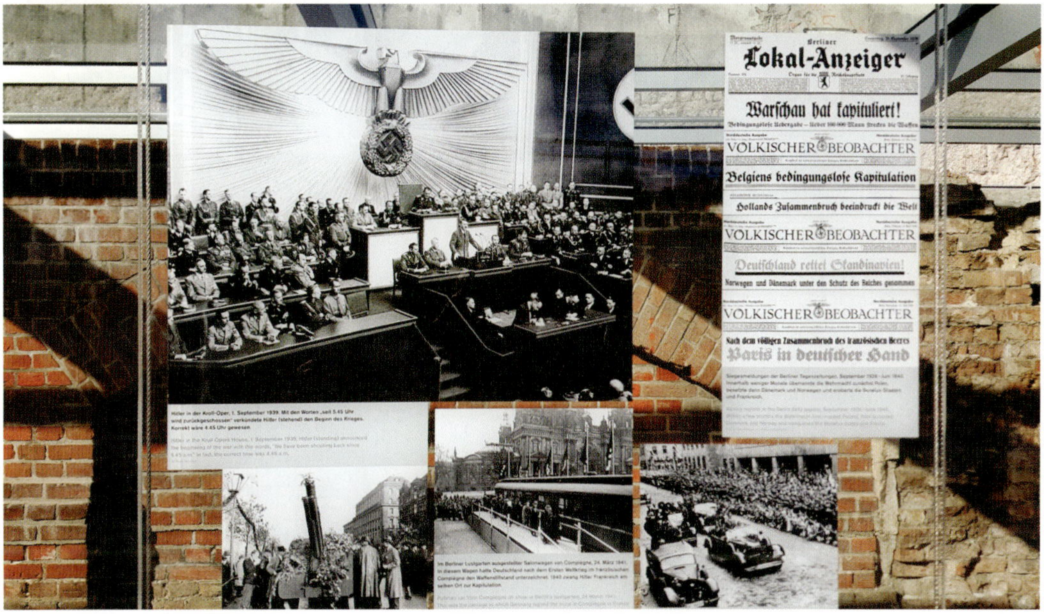
Berliner
Lokal-Anzeiger
Warschau hat kapituliert!
VÖLKISCHER BEOBACHTER
Belgiens bedingungslose Kapitulation
Hollands Zusammenbruch beeindruckt die Welt
VÖLKISCHER BEOBACHTER
Deutschland rettet Skandinavien!
Norwegen und Dänemark unter den Schutz des Reiches genommen
VÖLKISCHER BEOBACHTER
Nach dem völligen Zusammenbruch des französischen Heeres
Paris in deutscher Hand
Hitler in der Kroll-Oper, 1. September 1939. Mit den Worten „seit 5.45 Uhr wird zurückgeschossen" verkündete Hitler (stehend) den Beginn des Krieges. Korrekt wäre 4.45 Uhr gewesen.
Im Berliner Lustgarten ausgestellter Salonwagen von Compiègne, 24. März 1941. In diesem Wagen hatte Deutschland nach dem Ersten Weltkrieg im französischen Compiègne den Waffenstillstand unterzeichnet. 1940 zwang Hitler Frankreich am selben Ort zur Kapitulation.

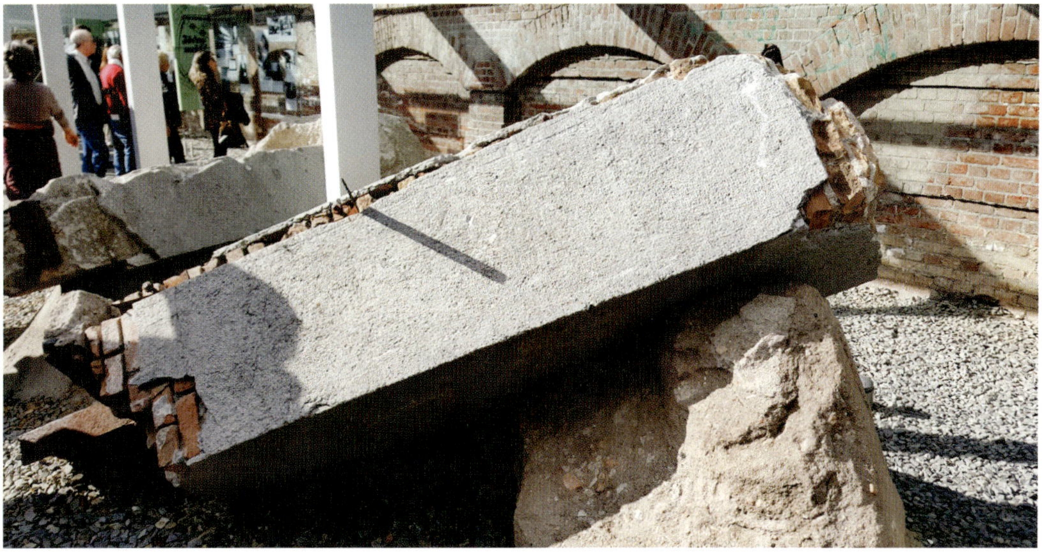

1904
Blick vom Wittenbergplatz über die Tauentzienstraße zur Kaiser-Wilhelm-Gedächtnis-Kirche. Kaiser Wilhelm II. bestimmte die schräge Stellung der Kirche auf dem Auguste-Viktoria-Platz. Dadurch deckte sich die Achse der Kirche mit keiner Straßenachse, sondern stand schiefwinklig zu allen Straßenfluchten. So war sie zwar Ziel und Blickpunkt in verschiedenen Straßen, konnte über keiner allein oder vornehmlich zugeordnet werden. Im Vordergrund links steht heute das im Jahre 1907 errichtete Kaufhaus des Westens (KaDeWe).

The Kaiser Wilhelm Memorial Church seen from the Wittenbergplatz along the Tauentzienstraße.
The KaDeWe department store, built in 1907, stands today on the site in the foreground.

부록
상수시 궁전
Sanssouci Palace

1747년 프로이센의 프리드리히 황제는 베를린 근교 포츠담 회담장 지경에 프랑스 벨사이유 궁전을 모방하여 궁전을 세우고 그 이름을 '상수시 궁전'이라고 했다.

상수시는 불어로 '근심이 없다'는 의미라고 한다. 이 곳, 여름궁전에는 수많은 미술과 각종 예술품이 화려했던 지난 날의 추억을 살려내고 있다. 특히 궁전의 구조와 옥상의 조각품들은 누가 만들었는지는 몰라도 보기만 해도 지칠 정도로 정교하다. 또한 아름답게 잘 가꾸어 놓은 정원은 유럽인들의 깊은 정서가 깔려있다. 이토록 포근한 잔디밭 길은 사랑하는 임들과 함께 새벽이슬이 맺힐 때까지 밤새워 한없이 걷고 싶을 정도다. 숲과 숲 사이를 지나 잔잔한 호수가 들도록 내 마음의 한 노래를 실려 보낸다.

주의 은택으로 년사에 관 씌우시니 주의 길에는 기름이 떨어지며
들의 초장에도 떨어지니 작은 산들이 기쁨으로 띠를 띠었나이다
초장에는 양떼가 입혔고 골짜기에는 곡식이 덮였으매 저희가 다 즐거이
외치고 또 노래하나이다(시편 65:11~13)

Wherever your footsteps touch the earth, a rich harvest is gathered.
Desert pastures blossom, and mountains celebrate.
Meadows are filled with sheep and goats; valleys overflow with
grain and echo with joyful songs(Psalms 65:11~13)

거룩한 천사의 음성 내귀를 두드리네 부드럽게 속삭이는 앞날의 그 언약을
어두운 밤지나 가고 폭풍우 개이며는 동녘엔 광명의 햇빛 눈부시게 비치네
속삭이는 앞날의 보금자리 즐거움이 눈앞에 어린다.

수많은 미술과 조각품들이 전시 되어 있는 상수시 여름궁전

부록

츠빙거 궁전
Zwinger Palace

진젠돌프의 고향이며 작센주의 수도인 드레스덴은 동독의 수도였으며 츠빙거 궁전이 있어 방문자들의 발길이 끊이지 않고 있다. 제2차 세계대전으로 도시 전체가 파괴되었으나 독일인들의 끈질긴 열정으로 재건하여 옛 모습을 되찾았다. 지금은 이곳이 독일을 대표하는 공업 도시이지만, 엘베강이 흐르는 유서 깊은 아름다움과 수많은 유적을 복구하였기에 동부 독일의 관광도시

로 알려져 있다. 선제후 아우구스트 2세 시절 마테우스 다니엘 푀펠만과 조각가 발타자르 페르모조에 의해 건축된 작센 바로크 건축의 대표적인 건축물인 츠빙거 궁전도 역시 대부분의 건물이 파괴되었으나 모두 복구를 하고 지금은 수많은 관광객을 불러 모으는 명소가 되었다.

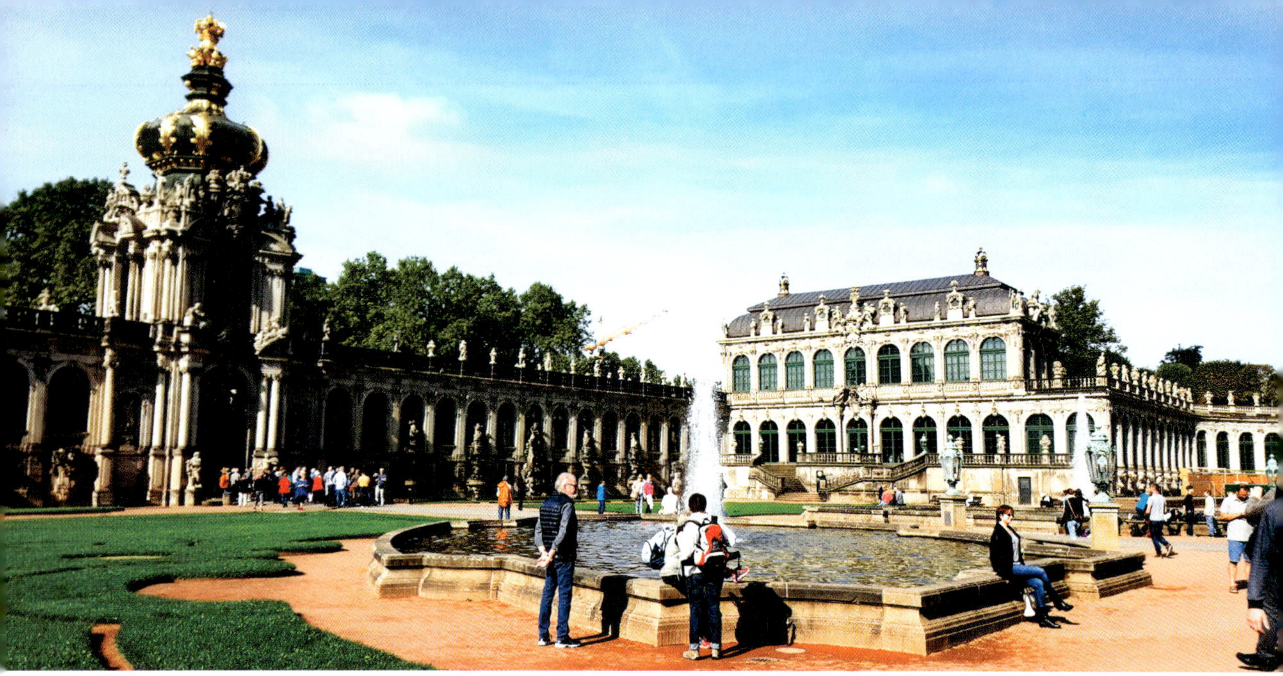

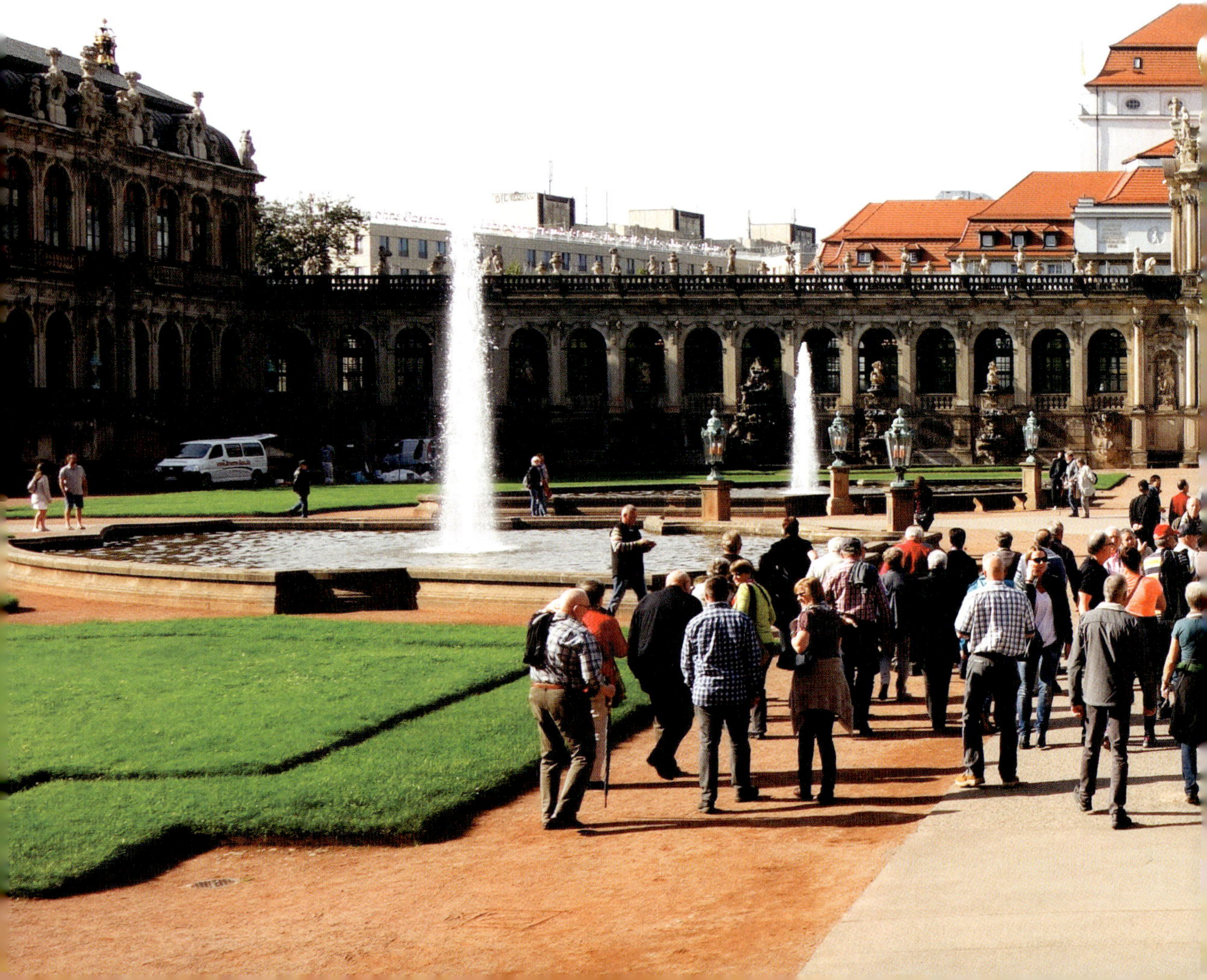

츠빙거 궁전

요하네스 왕의 군마상

군주들의 행진

편집후기

슬프도록 아름다운 사람

    십 년도 더 지난 어느 날에 내가 근무하던 출판사에 성지 사진으로 가득한 원고를 들고 나타나신 이백호 목사님! 출판을 위해 원고를 살피던 나의 시선을 붙잡은 이 말로 인해 오랜 세월 이목사님과 나는 한마음, 한 몸으로 책을 펴낼 수 있었다.
    '성도는 모두 순교 당하고 교회는 포로가 되었다.'
    터키의 이고니온을 순례하던 목사님께서 철조망으로 막힌 교회를 둘러보시다가 그 옛날 핍박받고 순교 당했던 기독교인들과 아직도 철조망에 갇혀 구경거리로 남아있는 교회의 모습을 안타까워하며 쓰신 글이다. 나는 이 글을 보고 저자가 단순한 여행자가 아니라 순례자임을 확신하였고 출판을 위해 온 정성을 다했다.
    〈바울의 길 나의 길〉 초판은 이렇게 세상에 나왔다. 그런데 다음 해에 목사님께서는 바울이 회심한 다메섹을 방문하지 않고는 견딜 수 없는 마음에 다시 한번 순례를 위해 한국에 오셨다. 하지만 이때 목사님은 암을 속에 품고 계셨다. 이미 심장 수술을 하여 약해진 몸! 이 사실을 의사에게 전해 듣고 모두가 극구 말렸지만, 그의 의지를 꺾지 못했다. 죽더라도 가겠다는 사람을 말릴 사람이 어디 있으랴? 결국, 목사님은 다메섹을 순례하며 사진을 찍어서 나에게 넘기시고는 바로 암 수술을 받으셨다. 나는 그때 이미 출판사를 그만두었지만, 반드시 내가 마무리를 해주어야 한다는 목사님의 의지로 개인적으로 〈바울의 길 나의 길〉 증보판 출판 작업을 진행했다.
    수술 후 항암을 하는 목사님과의 작업은 정말 전쟁과 같았다. 고통에 몸서리치면서도 강한 의지로 작업을 하셨지만 결국 간신히 초고를 완성하시고, 나머지는 제자와 같은 나에게 맡기신다는, 만약 그것이 안 된다면 출판을 포기하신다는 말씀에 결국 내가 맡아서 출판했다. 그때는 내가 반드시 이 책을 완성해서 출판해야만 목사님이 암을 이기고 일어서신다는 확신이 있었다.

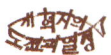

다시 십 년 후, 같은 일이 벌어질 줄 누가 알았겠는가!

암을 이기시고 건강을 회복하신 이 목사님의 성지 사랑은 대단하셔서 이스라엘을 순례하시고 본인이 직접 디자인까지 하셔서 두 권의 책을 더 출판하셨다. 그리고 개혁자들의 흔적을 찾아 유럽을 순례하시면서 수천 장의 사진을 촬영하신 후 종교 개혁자들에 대한 책을 출간하시는 것으로 오랜 순례의 길을 마치려고 하셨다.

하지만 이번에는 사모님께서 간경화로 고생하시던 중, 생명이 위독한 순간에 간 이식을 하셔서 고비는 넘겼으나 치매와 합병증으로 목사님의 절대적인 간호와 보살핌이 필요하게 되었다. 허약해진 몸과 당뇨로 인해 전혀 거동이 불가능한 상태였다. 결국, 1차로 내가 미국에 와서 한 달간 목사님과 함께 작업을 하여 초고를 완성했으나 1년이 넘도록 목사님께서 손도 대지 못한 상태로 컴퓨터에서 잠자고 있었다. 치매로 몸을 전혀 못 가누는 사모님을 요양원에 보내지 않으시고 5년간 직접 간호하시는 목사님을 생각하고 코로나로 인해 무너질 것만 같은 한국교회를 생각하니 더는 기다릴 수가 없어 다시 6개월 동안 미국에서 목사님과 함께 자고, 먹고, 사모님을 간호하면서 편집 작업을 하여 이 책을 출판하게 되었다.

이백호 목사님은 참으로 아름다운 사람이다. 살아있는 역사의 현장을 후손에게 남기고 싶은 그 열정, 그 간절함이 아름답다. 하지만 그를 바라보노라면 나는 슬프다. 아픈 그가, 지금은 멈추어 있지만 다시 간절하게 복음의 현장으로 가고 싶은 그를 보는 것이 참으로 슬프다.

핍박을 받는 사람이 세상을 바꾼다. 그래서 환란과 핍박 중에서도 성도는 신앙을 지키고 목숨을 버리지 아니하였는가? 지금 우리는 이 정신이 필요한 시대를 살고 있다. 한국 교회가 우리 나라를 살려야 한다. 그래서 더욱 이 책〈개혁자의 도전과 열정〉출판이 간절하다. 부디 이 시대의 개혁자에게 큰 도전을 주는 책이 되기 바란다.

PCMG KOREA 대표 방경석

꽃을 사랑하는 아내와 함께 가꾼 무궁화 정원

축하와 격려의 말씀

시인/ 계간 하나로 선 사상과 문학 발행인 **박영률 목사**
미전도 종족 선교회 설립자 **성 철목사**
World Evangelical Crusade(WEC)대표 **김현국 목사**
한국과학기술정보연구원/기술사 **정갑택**
에스더 기도운동 **에스더 윤 선교사**
씨에틀 베다니 교회 **최창효 목사**
애틀란타 새 언약교회 **최선준 목사**
북미주 한인 CBMC 총 연합회 회장 **김기일장로**
청주 서남교회 집사 **이종원**
오렌지 카운티 원로목사회 회장 **고원필목사**
발보아 한의원 원장 **오정국**
제자 **장경희**

추억의 창고를 열면서 축하의 글을 씁니다. 이 백호 목사님께서 귀한 책을 출판하십니다. 이번에 출간되는 책은 "개혁자의 도전과 열정"입니다. 네 번째 출간입니다. 이목사님의 저서들은 성경 말씀의 흔적을 확인 할 수 있는 교회사적으로도 큰 가치가 있는 특별한 저서들입니다.

이 목사님과 나는 오랫동안 사귀어온 형제와 같은 아주 특별한 관계입니다. 그 가족들과 우리 가족들과의 관계도 남다르다고 하겠습니다. C.C.C에서 만난 이목사님은 언제나 다정다감하시며 사람 좋아하고 특별한 달란트가 있으셔서 큰일도 많이 하셨습니다. C.C.C의 청주 대표 간사를 역임하셨고 강원도 속초에서도 책임자로 사역하셨으며 C.C.C의 본부에서도 음영 부장을 하시며 H.C.C.C 찬양을 지휘하시면서 수많은 찬양사역자를 배출하셨습니다.

초대형 집회인 '엑스풀로 74 세계대회', '80년 세계복음화 대성회' 등 기록에 남을 일에 현장에서 나와 함께 활동하셨고 '80 세계복음화 대성회' 준비 중에 세종문화회관 대강당에서 한국의 기라성 같은 성악가들이 참여한 '80 세계 복음화 대성회' 성가 합창제를 기획하시고 집행하시는 등 참으로 역사에 남을 일을 주도하셨습니다. 본인 자신이 남성 4중창단의 멤버로 전국 순회와 해외 공연도 여러 차례 하셨습니다. 이목사님이 먼저 도미하시고 박근화 사모님께서 내가 C.C.C를 사임하고 "한마음교회"를 개척하여 사역할 때 전도사님으로 목회에 큰 도움을 주시기도 하셨습니다. 목사님은 사람을 좋아해서 항상 집에는 방문객들이 끊이지 않습니다. 필자가 미국에 볼일이 있어 방문하게 되면 자신의 집에 유하면서 볼일을 보도록 배려하시는 분이시며 어떤 때는 미국에 사는 제자들에게 연락하여 멋진 파티도 주선하시는 그런 분이십니다.

자신의 몸이 너무 좋지 않아 어려울 때도 순교를 각오하고 이스라엘과 터키를 찾아 성지의 구석구석을 사진에 담고 글을 쓰는 사명 또한 투철하십니다. 현재 이 목사님이 LA에 거주하면서 수년째 한국을 오지 못하시는 것은 사모님께서 건강이 좋지 않아 사모님의 병간호를 맡아 하시기 때문입니다. 문득문득 이백호 목사님과 그 가족들이 보고 싶어 그리워합니다. 아주 가끔 카톡이나 전화로 통화할 때 마음이 울컥하기도 합니다. 사람 좋아하고 소통의 달인이며 의리가 있으신 목사님께서 한국을 떠나 미국으로 이주하심이 너무나 아쉬워서 어떤 때는 다시 한국으로 돌아오라고 부탁하기도 했지요. 이제 이백호 목사님이나 내가 인생의 황혼기가 되니 더욱 그립습니다.

이번에 출판되는 〈개혁자의 도전과 열정〉을 보면서 저자 이백호 목사의 열정이 빚어낸 귀한 책임을 직감하게 됩니다. 진심으로 축하드리며 큰 감사를 드립니다. 귀한 일 하셨습니다.

저자의 열정을 통하여 개혁자들의 순교와 도전의 현장을 보면서 많이 느끼고 배우게 되니 이 또한 감사하지 않을 수 없습니다. 이 목사님, 부디 석양의 찬란함을 멋있게 장식하십시다. 건강하여서 보람된 일 더 많이 하시길 바랍니다. 때마다 날마다 더욱 새롭게 하소서.

시인/ 계간 하나로 선 사상과 문학 발행인 박영률 목사

"**이삭은** 자기 아버지 아브라함 때에 팠던 우물들을 다시 팠다. 이 우물들은, 아브라함이 죽자, 블레셋 사람들이 메워 버린 것들이다. 이삭은 그 우물들을 그의 아버지 아브라함이 부르던 이름 그대로 불렀다." (창세기 26:18)

아버지가 파 놓은 우물들을 블레셋 사람들이 흙과 돌로 메워서 물이 말라버린 것을 알게 된 이삭은 우물들을 다시 파기로 하지요. 이것이 위에 인용한 말씀입니다.

나는 이 책의 저자를 감히 이 시대의 이삭이라고 말하고 싶습니다. 사탄은 구라파 교회에서 흘러나오는 생명수로 부흥을 가져온 우물들을 막아버렸어요. 하나님께 예배드리던 교회가 술집으로 바뀌고 모슬람에 팔려 가는 것을 보면서 안타까워하는 목사는 많지만, 직접 부흥의 현장을 뛰어다니면서 사진에 담고, 인터뷰를 해서 만들어진 이 책은 이삭 같은 이백호 목사가 아니고는 누구도 만들 수 없는 역작입니다. 마치 사도행전이 성전이나 학자들의 책상이 아닌 서민들의 시장통에서 일어난 기적들을 기록한 것과 비슷한 현장감이 이 책 페이지마다 흘러넘치고 있습니다.

개인적으로도 이백호 목사는 저보다 한 달 먼저 태어난 친구이지만 "성님"이라고 부릅니다. 그만큼 복음에 대한 그의 불타는 열정과, 교회의 전통을 잃어가는 오늘날의 교회를 안타까워하는 그를 존경하기 때문입니다.

어떻게 하면 다시 한번 부흥을 일으킬 수 있을까요? 아브라함이 팠던 우물들을(사탄이 메워버린) 다시 파는 것입니다. 구라파 교회에 부흥을 일으켰던 믿음의 선배들의 삶과 그 열정의 우물을 다시 파는 것입니다. 이 엄청난 사명감에 불타는 저자를 제가 부러워하지 않을 수가 없지요.

이 책은 순교의 현장을 직접 발로 뛰면서 수집한 자료들을 중심으로 수많은 사진과 저자의 가슴에 불타오르는 마음을 눈물로 기록한 책입니다. 더구나 중한 병에 걸린 사모님을 지성껏 간호하며...

이 책으로 인해 모든 교회와 크리스챤들의 가슴에 부흥의 우물을 다시 파는 엄청난 성령의 폭발이 일어날 것을 확신하며 기도합니다. 저자는 저의 부친과 신학대학에서 만났고, 아내와는 '민족의 가슴마다 그리스도'를 심는 CCC(대학생선교회)에서, 저와는 그리스도의 지상명령(마태복음 28:18-20)에 자문과 선교 후원으로 섬겨주시고 있습니다. 하얀 호랑이(백호) 목사님과 사모님! 이 책이 구라파 교회와 전 세계 교회에 부흥의 우물을 다시 파는 불도저가 될 것을 기도하며 축하합니다.

The Unreached Ministries Int'l Director 성 철목사

"**나의 달려갈 길**과 주 예수께 받은 사명 곧 하나님의 은혜의 복음 증거하는 일을 마치려 함에는 나의 생명을 조금도 귀한 것으로 여기지 아니하노라"(행20:24) 라 기록된 사도 바울의 믿음과 헌신, 그리고 주 예수께 받은 사명을 끝까지 이루고야 말겠다는 정신과 열정과 끈기를 본받은 자가 얼마나 있을까요?

여기 〈바울의 길 나의 길〉과 〈순례자의 길〉 그리고 〈바이블 로드〉에 이어 종교개혁자들의 발자취를 따라 선명한 화보로 정리한 〈개혁자의 도전과 열정〉을 출간하는 이백호 목사의 업적業績을 극찬하고 경하합니다.

이 목사와 사모님은 건강은 매우 나쁜 상태입니다. 그럼에도 불구하고 기록된 하나님의 말씀을 고고학적考古學的 역사적歷史的, 지리학적地理學的인 고찰古刹로 사실성을 증명證明 하려는 시도는, 신학적 목회학적으로 더 영향을 끼치는 일이라 사료 됩니다.

이 일에 죽음을 무릅쓰고 꿈을 이루려는 열정과 추진력과 끈기를 잃지 않은 이 목사님을 경하합니다. 그리고 희생적인 내조를 한 사모님의 숭고함을 경하합니다. 더하여 주 예수 그리스도의 은혜가 충만하기를 기원합니다.

World Evangelical Crusade(WEC)대표　김현국 목사

세상에는 용두사미龍頭蛇尾란 말이 있다. 때때로 친구 이 목사는 빈말처럼 말할 때가 있다. 그러나 시간이 지나고 보면 이 목사의 말은 실속 없이 스치는 빈말이 아닌, 마음속 깊이 생각하고 계획했던 말이었음을 알 수 있다. 언젠가 사도 바울의 전도 여행 지역을 순례하고 화보집을 만들겠다고 말한바 있다. 그리고 몇 년의 세월이 지나 그는 약속이나 한 것처럼 〈바울의 길 나의 길〉이란 책을 들고나왔다. 서둘러 책장을 열어보고 깜짝 놀란 것은, 이 책이 보통 적당히 만들어진 것이 아닌 전문가 이상의 책을 만들었다는 것이다. 그는 "네 시작은 미약하였으나 네 나중은 심히 창대하리라"(욥8:7)하신 말씀 처럼 그가 한 모든 결과는 항상 기대 이상이었다. 그 후 두 권의 책을 연이어 출간하였다. 그러므로 이 목사에게는 용두사미란 말이 전혀 어울리지 않다고 본다. 다만 그가 건강하지 않고 있음에도 또 다른 책 〈개혁자의 신앙과 열정〉이라는 책을 집필한다고 하니, 친구로서 마음에 걸린다.

한국과학기술정보연구원/기술사 정갑택

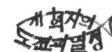

한국 CCC의 아이디어 뱅크라 했던 이 목사님! 그때는, 이백호 간사님이었습니다. 금번, 개신교protestant의 뿌리를 찾아 기록한 〈개혁자의 도전과 열정〉이라는 책자를 출간하게 됨을 진심으로 축하하며 격려의 말씀을 드리고, 이 목사님과 함께 했던 지난 날들의 추억을 회상回想 하고 싶습니다.

'Explo'74' 가 끝나고, 이건오 장로와 더불어 강영철 간사, 김현국 간사, 강영순 전도사, 그리고 이백호 간사와 함께 양승달 목사님을 모시고 서울 시민교회를 개척할 당시 저도 한몫하게 되었습니다. 그때 이미 내 동생 남매들이 ccc 모임에서 활동하고 있던 터라 저 역시 나사렛 형제들 속에 끼어 조용히 전도하고 있었습니다. 그렇게 해서 자연스럽게 이 간사님과 가까이 지낼 수 있었지요. 그 당시 시민교회의 대학부 찬양대와 화요모임이라는 교회음악 감상회 그리고 직장별 목요모임을 이 간사님이 인도하고 계셨지요. 이러한 모임을 통해 젊은 청년들이 무려 40여 명씩이나 모였던, 그때의 교우들이 생각납니다.

그 해, 추수 감사절 특별 모임을 준비하고 이간사님이 저에게 사회를 보라 하셨습니다. 그 후로부터 많은 사람들 앞에서 말하는 것이 꽤 익숙해졌습니다. 그러다가 미국으로 이민 가게 되었고, 잠시 한국에 들렀는데 〈바울의 길 나의 길〉 출판 감사예배를 드린다는 소식을 듣고 단 숨에 달려가 보았습니다. 그동안 암 투병 했다던 이 목사님의 모습을 차마 볼 수가 없었습니다.

그리고 다시 미국으로 들어와 미주 에스더 기도 운동을 통하여 전도 하는데, 〈사랑방 칼럼〉이라는 미주 교회 신문에 글을 보내 주기를 부탁해서 이목사님과 함께 격주로 글을 쓰는 기자가 되었습니다. 그 후 또 다른 곳에 에스더 칼럼을 쓰게 되었지요.

유수流水 같다던 세월의 미국 생활 30년이 지나고, 다시 한국으로 돌아간다고 말씀드리니 "미국의 유관순이 한국으로 가는구먼!" 하시었던 말씀이 생생합니다. 그 말씀대로 지금은 전국 통일광장기도회를 다니면서 진짜 유관순이나 된 듯, 북한 구원 통일 한국과 거룩한 나라 대한민국을 선포하며 기도하고 힘을 다해 전도하고 있습니다.

그랬던 청년 시절, 영혼에 불을 붙여 주셨던 김준곤 목사님 그리고 이백호 목사님과의 만남은 제 생애 큰 축복이었습니다. 더불어 금번에 출간될 이 책 〈개혁자의 도전과 열정〉이 민족의 가슴에 하나님을 향한 기쁜 소식이 되기 원하며, 이 시대時代에 잠자는 영혼들을 깨우며 하나님의 마음을 시원케 할 전도서가 되기를 간절히 바랍니다.

에스더 기도운동 에스더 윤 선교사

이 백호 목사님! 그는 실로 축복의 사람입니다. 어머님의 믿음의 유산遺産과 기도의 힘으로 곁길로 가지 아니하고, 망설이거나 주저함 없이 오직 믿음과 말씀의 외길을 걸어온 사명의 사람이기도 합니다. 또한 하나님께서 주신 특별한 달란트로 일찍이 전국을 돌며 당시 사회적으로 경제적으로 어려웠던 시절 찬양으로 많은 사람에게 위로와 소망을 안겨 주었고, 오랫동안 CCC 간사로 활동을 하면서 꿈이 많던 수많은 젊은이들에게 용기와 비전을 갖게 하는 사역에 힘쓰던 중 태평양 연안과 미국에까지 지경을 넓혀 선교에 매진하여 왔습니다. 그에게 주신 특별한 은사로 예수님과 사도 바울의 사역 현장을 돌며 섬세하고 정확하게 성경 말씀의 내용을 정리 정돈하여 이미 출간된 〈바울의 길 나의 길〉〈순례자의 길〉 그리고 〈BIBLE ROAD〉 세 권의 책을 통하여 사도들의 발자취와 초대 교회의 역사를 일목요연하게 일깨워 주었습니다.

금번에 새로 펴내는 〈개혁자의 도전과 열정〉은 중세 교회의 역사뿐 아니라 중세 암흑 시대의 핍박 속에서 우리 신앙의 선조들이 어떻게 믿음을 지켜 왔나 하는 것을 생생하게 되돌아 보고, 오늘 나의 믿음을 점검해 볼 수 있는 귀중한 내용으로, 손색이 없는 교회사적 자료임과 동시에 그의 은사와 예리한 통찰력이 남김없이 담긴, 그 누구도 쉽게 이룰 수 없는 작품이기도 합니다. 특히 오랜 연륜이 묻어나는 사진들은 역사의 현장들을 직접 보는 것 같은 느낌이 들게 하며, 간명하면서도 정확하게 짚어 내려가는 해석은 지나간 교회 역사를 오늘의 시각으로 보게 하는 특별한 감동을 선사할 것입니다.

〈개혁자의 도전과 열정〉을 그냥 한 권의 책이 아니라 저자의 혼과 재능과 목숨을 건 사명 의식이 함축된 자료로 보고 읽으실 때, 주님의 가르치심과 그 말씀을 핍박逼迫과 고난 가운데서도 삶 속에 실현함으로 순수한 믿음을 전수하려 했던 선조들의 고귀한 희생이 살아 움직이는 생명의 말씀으로 각인되실 것을 확신합니다.

시애틀 베다니 교회 최창효 목사

오직 아내를 위해 무궁화 정원에서 특별한 공연을 베푼 시애틀 샛별 무용단

백호 형님! 지난 1995년, 심장 개복 수술과 회복의 기적과 같은 일이 있었다는 소문이 애틀란타까지 알려졌습니다. 그 은혜를 나누고자 새언약교회에서 초청한 찬양과 간증 집회는 참으로 놀라운 은혜의 시간이었습니다. 그 후로 "형님" 이라 부르기 시작했습니다. 그때, 몸이 회복되면, 사도 바울이 다녔던 순회 전도의 길을 찾는 것이 사명이라 하더니만 결국 〈바울의 길 나의 길〉이란 책을 발간하였지요. 그리고 쉴새 없이 복음의 흔적을 찾아 몇 권의 책을 출간하였고, 이제는 〈개혁자의 도전과 열정〉이라는 책을 출간한다 하니 심히 부럽고 자랑스럽습니다.

어쩌면 세찬 눈보라 속에 핀다는 인동초 마냥 여러 차례 대수술을 받아 시한부의 삶을 영위하면서 후세대에 성경에 대한 연구를(스7:10) 한층 더 하도록 발판을 마련하셨음에 격려와 축하를 드립니다.

애틀란타 새 언약교회 최선준 목사

민족복음화를 꿈꾸던 학창 시절 '엑스플로 '74' 라는 대 전도 집회가 1974년 8월 여의도 광장에서 열렸다. 그때 HCCC(고등부) 봉사순에서는 서울역에서 여의도 집회 장소까지, 용산역에서, 고속터미널에서, 그리고 합숙소에서 각종 세미나 장소까지 안내하는 모든 일을 맡았다. 저녁 집회 시간에는 숙소 경비 까지도 고등부 몫이었다. 하루가 지나자 HCCC형제와 자매들이 하나둘 지쳐가기 시작했다. 마침내 몇몇 여학생들이 견디다 못해 쓰러지고 병원에 실려 가기도 했다. 그때 거구인 백완종 형제와 함께 이백호 간사님을 찾아가 봉사 순원들이 먹지를 못해 쓰러지고 있다며 하소연하듯 투덜댔다. 그러자, "빵 창고 키를 누가 관리하고 있느냐?" 하고 이간사님이 물었고, 눈물이 글썽해진 백완종 형제가 "ooo 간사님이 가지고 계시는데요." 하니, 이 간사님이 단번에 간사님들 숙소로 달려가 빵 창고 키를 가지고 와서 "이제는 누가 시켜서 하는 것보다 너희들이 알아서 해봐." 하며 빵 창고 열쇠를 건네주었다. 그때 "이제는 알아서 해봐." 라 하신 말씀이 내 삶의 지침이 되어, 지금도 스스로 개척한 사업을 통해 캐나다 이민 생활에 열심을 다하고 있다. 금번에 이백호 목사님이 이 시대에 꼭 필요한 책을 내시는 것을 자랑스런 마음으로 축하드린다.

북미주 한인 CBMC 총 연합회 증경회장 김기일 장로

이백호 목사님께서는 70년 초에 청주에서 CCC 간사로 계실 때에 처음으로 아카펠라 남성 4중창단을 만드시고 기도와 사랑으로 우리를 지도해 주셨습니다. 특별히 우리에게 믿음을 심어주시려고 애쓰셨던 모습이 눈에 선합니다. 나는 베이스 파트였고 악보를 담당했는데 악보의 소중함을 알게 하시려고 "1곡당 시오야끼(삼겹살) 1근이야!" 하시고 4중창곡이 수록된 LP판을 딱 한 번 들려주시고는 판 닳는다고 두 번도 들려주시지 않았던 짠돌이 목사님으로 기억합니다. 음악의 소중함을 일깨우시려는 목사님의 뜻을 알기에 그 시절 우리는 행복하게 노래했습니다. 목사님, 그리고 함께 노래하던 대원들과의 기억은 아직도 나의 인생을 풍성하게 만드는 아련한 추억으로 남아있습니다.

84년, 작은 음악회 발표 후 헤어져 35년이라는 세월이 흐르고야 다시 목사님과 연락이 닿았을 때의 그 기쁨과 반가움을 어찌 표현해야 할지 모르겠습니다. 가슴이 벅찼습니다. 미국에 계셔서 찾아뵙지는 못했지만 사진으로 만난 목사님의 모습에서 많은 세월이 흘렀음을 실감합니다. 병마와 싸우며 내셨다는 〈바울의 길 나의 길〉을 보고 그 열정에 감명받았습니다. 사도바울의 전도여행을 실제 경험하는 듯, 은혜가 넘치는 순례여행이었습니다. 목사님이 이렇게 사진을 잘 찍으신다니 신기하기도 했죠.

목사님께서 다시 〈개혁자의 도전과 열정〉을 출간하시면서 축하의 글을 쓰라는 명령을 하셔서 부족하지만 순종하기로 하고 책을 대하면서 다시 한번 놀라움과 감격으로 가슴이 떨립니다. 아직도 병마와 싸우시고 사모님의 병간호까지 손수 하시면서도 이런 다시없는 대작을 만드신 집념

에 놀라고, 믿음의 대선배들이 진리를 지키기 위해 목숨까지 아끼지 아니하시고 내놓으셨던 그 발자취를 보니 깨달음과 감격에 가슴이 뭉클합니다. 나의 믿음과 신앙생활을 돌아보는 귀한 기회였습니다. '참으로 이때를 위함이 아닌가!' 하는 생각이 들었습니다.

목사님을 뵙고 그 옛날 우리 4중창단에 주신 곡, "이 세상의 집은 내 집 아니요."를 같이 불러보고 싶습니다. 또 그때 못 사드린 시오야끼(삼겹살)도 꼭 사드리고 싶습니다. 목사님의 건강과 평안을 위해 기도드리며 다시 한번 새롭게 탄생하는 이 책의 출판을 손뼉치며 환영합니다.

청주 서남교회 이종원 집사

질풍노도와 같은 이십대 초반에 이 목사와 나는 신학교에서 남성 사중창단을 만들어 18개월 동안 연습만 하다가 드디어 무대(?)에 섰다. 첫 연주를 마치자 친구들이 다가와 기가 막히게 좋았다고 했던 그때가 떠오른다.

아카펠라 남성 사중창, 얼마나 멋진가! 서로 마음이 맞고 친했던 사이였기에 더욱더 좋은 소리를 내었던 것 같다.

우리는 그 후로도 지금까지 50여 년간을 변함없는 우정을 나누고 있고 목사로도 사역을 다 했으니 실로 하나님의 은혜요 축복이다.

항상 이목사의 책이 나올 때마다 신기하고, "요것이 과연 이목사가 찍은 사진이 맞는가?" 하며 농담을 나눈다. 〈바울의 길 나의길〉이라는 책을 만들어 미국에 돌아왔을 때는 이목사가 암투병 중이어서 반갑기도 했지만, 걱정을 많이 끼친 친구에게 원망스러운 마음도 있었다.

이번에 〈개혁자의 도전과 열정〉이라는 책을 출판한다기에 원고 내용을 살펴보고 깊은 감동을 받았다. 진리를 지키기 위해 목숨을 아끼지 않았던 개혁자들의 신앙이 가슴에 와 닿았다. 코로나19로 자칫 느슨해지고 해이해진 우리들의 신앙에 큰 도전을 줄 수 있으리라 생각된다. 이 책을 읽는 독자 제위께서는 반드시 주위에도 알려주시기를 간절히 바란다.

나는 미국에서 살고 있지만, 조국인 대한민국에 대한 걱정이 많다. 친구들과 만나면 그 이야기로 시끄럽다. 그 옛날 로마가톨릭의 핍박으로 순교 당한 개혁자들이 많이 있지만, 저 북한 땅에도 예수를 믿는다는 이유만으로 수많은 믿음의 형제, 자매가 정치범 수용소나 감옥에 갇히고 강제노동에 시달리고 있다.

초대교회 북한 교계의 지도자였던 김익두 목사를 죽인 것도 김일성이고, 지금도 북한에서는 예수 믿는 것이 반역이라 하여 말할 수 없는 핍박으로 성도들을 죽이고 있다. 공산당은 절대 기독교를 남겨두지 않는다. 6.25 전쟁을 겪지 않은 사람들이 혹여라도 공산당의 잔인함과 무서움을 간과하는 잘못을 저지르지 않기를 바란다.

이 시대에 우리는 개혁자들의 신앙을 계승해야 하고 말씀을 지키고 가르쳐야 한다. 다시 한번 〈개혁자의 도전과 열정〉 출간을 축하한다.

오렌지 카운티 원로목사회 회장 고원필 목사

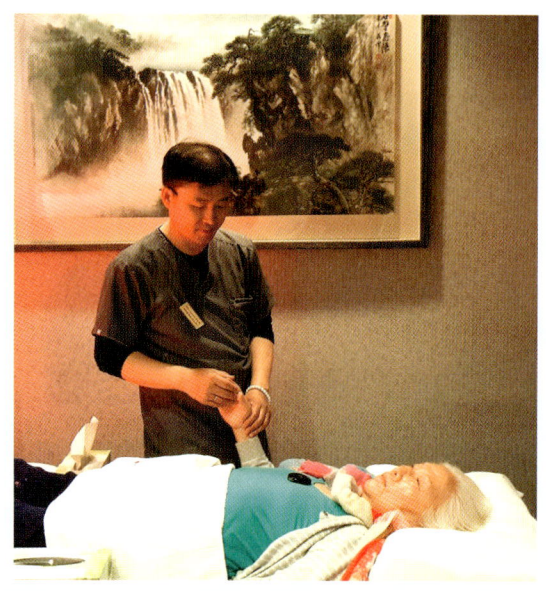

　하나님의 인도하심으로 하나님을 사랑하며 경외함으로 가득 찬 마음을 지니신 이백호 목사님과 이근화 사모님을 10년 전에 만나게 되었습니다. 지난 세월 저를 무척이나 사랑해 주시고 OJG 덴탈 파우더 판매를 도우셔서 열방의 복음을 위한 하나님선교회를 후원과 기도로 큰 도움을 주셨습니다. 제가 하나님의 일을 한다고 하면 이백호 목사님과 이근화 사모님께서 적극적으로 도우셔서 힘이 되어 주셨던 일들이 기억이 납니다.

　그런데 오래전부터 간경화를 앓고 계시면서 저희 한의원에도 오셔서 침과 뜸으로 건강관리를 해오시던 이근화 사모님께서 간경화가 악화되어 입원하셨다는 소식과 함께 생사의 기로에 놓이게 되었다는 소식을 듣게 되었습니다. 다행히 하나님의 도우심으로 간이식에 성공하였으나 독한 약물로 인해 치매와 신부전증이 와서 이백호 목사님과 가족들의 길고 힘겨운 투병 생활을 하게 되었습니다.

　UCLA병원에서 치매 치료를 하다가 더 이상 회복 가능성이 없어 집으로 퇴원하게 되어 수년 동안 아내의 병상을 지키며 간호하신 이백호 목사님과 어머니를 적극적으로 보살피고 공경을 다하는 자녀 상헌씨와 진희씨의 모습을 볼 때 하나님께서 역사하시고 계심을 볼 수가 있었습니다.

　병원에서는 포기 하였지만 목사님께서는 희망의 끈을 놓으시지 않고 한의사인 저에게 한방치료에 대해 문의하셨을 때 저는 어렸을 때 뇌진탕을 침으로 치료받은 경험과 오랫동안 한의의 길을 걸어오면서 침술이 두뇌에 미치는 영향에 대해 잘 알고 있기에 침 치료를 통해 좋은 효과를 볼 수 있다는 확신이 있어 제가 치료를 해드리기로 하였습니다.

　2018년 5월부터 지금까지 매주 이백호 목사님과 가족들이 토랜스에서 저희 한의원이 있는 샌퍼난도 밸리까지 먼 길을 일주일에 두 번, 세 번을 오가시며 치료를 하는 중에 하나님의 특별한 은혜로 호전되어가고 있음에 감사드립니다.

　두 자녀분이 번갈아 가며 목사님과 사모님을 모시고 오면서 어머님의 치료를 위해 온 정성을 다하는 모습은 실로 감동적입니다. 오랫동안의 임상경험으로 보아도 대부분의 치매 환자 보호자들이 2~3회 치료 받은 후에는 치료를 포기하고 치매 전문 요양시설로 보내기 때문에 치매 치료를 제대로 해보지 못했으나 가족들의 정성과 저의 침술로 좋은 결과까지 보게 되니 의사인 제가 오히려 감사한 마음입니다.

　이백호 목사님 자신도 암환자요 심장병 환자이신데 불굴의 의지로 그 동안 성지를 순례하시고 〈바울의 길 나의 길〉을 비롯해 여러권의 책을 펴내신 것은 기적이라 생각했습니다. 그런데 이번에 종교개혁자들의 흔적을 순례하시고는 복음의 진전을 위하여 〈개혁자의 도전과 열정〉이라는 책을 집필하시고 부족한 저에게 표제를 써달라고 부탁하시어 송구한 마음 금할 길이 없습니다.

　현재 코로나 19로 인해 교회의 문이 닫히고 하나님께 예배와 찬양을 드리지 못하는 사태에 이르렀는데 〈개혁자의 도전과 열정〉을 통하여 현대를 살아가는 우리의 신앙 상태를 다시 한번 점검하고 돌이켜보며 하나님 앞에 회개와 회심을 통해서 기독교가 새로워지기를 소원합니다.

　하나님의 놀라운 섭리 가운데에서 이목사님의 하나님을 향한 도전과 열정이 이 책 안에 담겨 있음을 마음속 깊이 느끼며 하나님께서 주시는 강건과 평안이 이백호 목사님과 사모님, 그리고 두 자녀 상헌씨와 진희씨 가정에 영원하길 기원합니다.

발보아 한의원 원장 오정국
하나님 선교회 회장

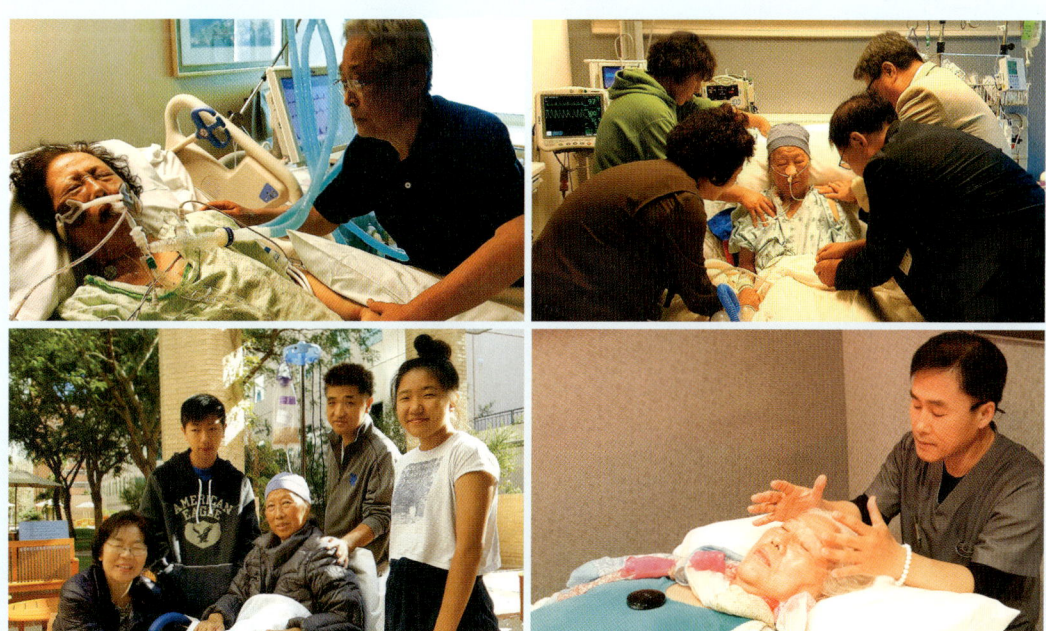

옛날 고등학교 1학년 시절! 꿈 많던 우리들은 선교합창단의 단원들이었다. 우리를 이끄시는 그분 손끝은 우리의 소리와 마음을 움직여 항상 강력한 하모니로 만들었고 또 그분의 손끝은 늘 한눈팔지 말고 오직 주님만 바라보고 달리라는 무언에 표시였다. 그 속에서 우리의 믿음은 성장하고 하루도 못 보면 아쉬운 가족이 되어 참으로 많은 추억을 남겼다. 모두가 어려운 시절이었지만 그곳에는 늘 따뜻함과 관심과 사랑이 넘쳤고 그 마음 하나로 무작정 전도 연주를 다니고 낙도 섬 교회 봉사도 다녔다. 지금 생각하면 기적에 기적이 일어난 것이다. 이 모두가 가능한 것은 우리를 지도하고 사랑으로 이끄시는 그분이 계시기 때문이었다.

그때 단원들 속에서 목사 2명, 사모 2명, 음악인 6명이 배출되었다. 정말 어린 시절 꿈을 확실히 심어준 그분! 그분은 지금도 달리고 계신다. 오직 주님만 바라보고 당신의 깊은 신앙만큼 몸을 던져 불사른 생명체를 하나씩 하나씩 세상에 내놓으신다. 이번에 출간되는 〈개혁자의 신앙과 열정〉, 이것은 곧 그분이다.

심장이 극도로 나쁘신 상황 속에서도, 암 투병 속에서도, 어떤 상황에서도 그칠 줄 모르고 험한 순례를 하시며 도전에 도전을 하시는 열정에 진심으로 존경의 마음과 박수를 보내드린다. 그분! 우리의 스승이자 나의 멘토이신 이백호 목사님! 평생 그분 사랑을 가슴에 담고, 뵈면 왠지 눈물부터 나오는 이백호 목사님! 사랑합니다

제자 장경희 권사

천국에서도 우리 함께 찬양하자!
이 글을 쓴 사랑하는 나의 제자 장경희 권사는 이 책이 나오기 전에
책의 완성을 기다리지 못하고 암 투병 끝에 먼저 하나님 품으로 갔다.

예수께서 가라사대
내가 곧 길이요 진리요 생명이니
나로 말미암지 않고는 아버지께로 올 자가
없느니라 (요 14:6)

"I am the way, the truth, and the life,"
Jesus answered. "Without me, no one
can go to the Father. (John 14:6)

그러므로 너희는 가서
모든 족속으로 제자를 삼아
아버지와 아들과 성령의 이름으로
세례를 주고 내가 너희에게 분부한
모든 것을 가르쳐 지키게 하라
(마 28:19~20)

Go to the people of all nations
and make them my disciples.
Baptize them in the name of the Father,
the Son, and the Holy Spirit,
and teach them to do everything
I have told you. I will be with you always,
even until the end of the world.
(John 28:19~20)

루터의 마을 아이슬레벤의 황혼

주안에 있는 나에게

주안에 있는 나에게 딴 근심 있으랴
십자가 밑에 나아가 내 짐을 풀었네

그 두려움이 변하여 내 기도 되었고
전날의 한숨 변하여 내 노래 되었네

내주는 자비 하셔서 늘 함께 계시고
내 궁핍함을 아시고 늘 채워 주시네

내 주와 맺은 언약은 영 불변 하시니
그 나라가기 까지는 늘 보호 하시네

주님을 찬송 하면서 할렐루야 할렐루야
내앞길 멀고 험해도 나주님만 따라가리

- 순례의 길을 떠날 때 마다 아내가 기도하며 부르던 찬송

에필로그 Epilogue
만남에서 동행으로

    그동안 채집했던 수많은 자료와 사진들을 정리하는 나에게도 어김없이 황혼이 황금빛으로 물들기 시작한다. 이 시간, 지나간 나의 삶의 흔적들을 생각하니 얼마나 많은 사람과 만나고, 스치고 헤어졌을까. 예쁜 사람, 미운 사람, 고마운 사람 그리고 반가운 사람들의 얼굴이 눈에 아른거린다. 그래도 복음의 길을 순례하는 지난 20여 년 동안은 고마운 사람들이 내게 더 많았음에 감사한다.

    그중에 제일은 아내 박근화와의 만남이다. 지지리도 못난 남편을 위하여 꾸밀 것도 가질 것도 아끼지 아니하고 "주님이 기뻐하시는 일이라면!" 했던 아내. 그녀는 믿음의 동지이며 참으로 사랑스런 애인이요 친구며 천국 본향 까지도 함께 할 내 평생의 동행자다. 그랬던 아내가 간 경화와 당뇨로 오랫동안 투병하다가 임종을 앞둔 순간, 간 이식을 받아 소생하였으나 치매라는 증상 때문에 어린아이가 되었다. 이 아내를 두고 내가 그 무엇을 할 수 있겠는가? 더구나 혈관성 치매는 치료가 불가능하다는 메디컬 판정! 이제는 한방 치료만이 다른 길이 없다 하니 애가 탄다.

    마지막이라 생각하고 발보아 한의원을 찾아 치료를 부탁했다. 오정국 원장의 특진과 정성 어린 치료는 확실한 효험이 있어 지금도 치료하고 있다. 이로 인해 이 책의 출판을 몇 번이나 포기하려 했던 것을, 방경석 사장이 세 번이나 미국으로 건너와 편집 작업에 힘을 보탰고 강화미 사모의 세심한 감수로 인하여 드디어 출판하게 되었으니 이 또한 하나님의 특별한 은혜요 계획인 것에 눈시울이 뜨겁다. 더불어 사랑하고 아끼는 가족과 지인들의 축하와 보내주신 격려의 글이 나에게 알바트로스(Albatros, 바보새)의 용기와 인내를 깨우쳐 주심에 감사드린다. 추천사를 기꺼이 써주시며 이 시대, 한국교회에 꼭 필요한 책이라고 격려해 주신 김진홍 목사께 감사한다. 그리고 항상 가까이에서 축하와 격려를 해주시는 주성호 목사께도 감사의 마음을 전한다.

    이제 꿈이 현실이 되어 〈개혁자의 도전과 열정〉의 출간을 설레는 마음으로 기다리고 있다. 이에 다시 한번 주님께 감사드리며, 비록 만족치 못한 졸작이지만 힘겹게 투병 하는 아내에게 이 책을 안긴다. 그리고 다시 한 번 새 힘 얻기를 바란다.

    내게 능력 주시는 자 안에서 내가 모든 것을 할 수 있느니라(빌립보서 4:13)

무궁화 정원의 봄

너희는 마음에 근심하지 말라 하나님을 믿으니 또 나를 믿으라
내 아버지 집에 거할 곳이 많도다 그렇지 않으면 너희에게 일렀으리라
내가 너희를 위하여 처소를 예비하러 가노니
가서 너희를 위하여 처소를 예비하면 내가 다시 와서 너희를 내게로
영접하여 나 있는 곳에 너희도 있게 하리라(요 14:1~3)

Jesus said to his disciples, "Don't be worried!
Have faith in God and have faith in me.
There are many rooms in my Father's house.
I wouldn't tell you this, unless it was true. I am going there to
prepare a place for each of you.
After I have done this, I will come back and take you with me.
Then we will be together (John 14:1~3)

은혜의 강물따라

나의 갈 길 힘들어도 주만 믿고 참아가며 험한 시험 물리치고 이겨내게 하옵소서
해 저물고 어둠오면 잠못 이뤄 애를 쓰나 주의 말씀 골몰하여 새힘 얻어 일어서리

베갯머리 적시면서 지난 일들 생각하니 초로 인생 광음 같고 남은 세월 얼마련가
바람, 비 다 지나고 새벽 별만 초롱한데 반짝이는 별을 세며 주의 얼굴 그려본다

아 새날 아침 밝아오면 못 박힌 손 붙잡고서 은혜의 강물따라 십자가만 자랑하리

-작사 이백호, 작곡 이지영(항암 치료 중 눈물로 쓴 찬송시)

레돈도 비치Redondo Beach 석양(LA)

이백호 목사

한성신학교 졸업
충남 논산시 양촌면 신정교회 개척
1971년 한국대학생 선교회 (CCC)간사 역임
청주지구, 속초, 춘천, 서울 중앙본부, 서울 동지구,
인천지구 대표간사 역임
Explo 74 사진 기록 기획
84 세계 기도성회 음영기획
제1회 한국성가의 밤 기획
영화 JESUS 번역 및 한국어 더빙 제작 및 감독
1985년 미국 이민
뉴욕 동산 장로교회 전도사 취임
LA 서부 기독교회 목사안수
LA 갈보리 중앙교회 개척
American Theological Seminary 성서고고학 연구
PCMG(Pacific Coast Mission Group) 선교회 설립
PCMG KOREA 후원이사
성지 사진 동호회 회장
2013 베들레헴 예수탄생 세계음악축제 기획

저서
바울의 길 나의 길
순례자의 길
바이블 로드

개혁가의 도전과 열정
2021년 5월 8일 초판 인쇄

지은이 이백호
펴낸이 방경석
펴낸곳 PCMG KOREA

등 록 / 제301-2009-172호(2009. 9. 11)
주 소 / 동두천시 장고갯로 131-6
전 화 / 010-3009-5738
이메일 / manban1@daum.net

ⓒ이상헌

Printed in Korea
ISBN 978-89-965527-3-4 03230

정가 35,000원

*잘못된 책은 교환해 드립니다.
*이 책에 사용된 저작물을 사용하려면
  저자의 허락이 있어야 합니다.

나의 달려갈 길과 주예수께 받은 사명

"다메섹 가까이 이르자 홀연히 하늘로서 빛이 저를 비추는지라 땅에 엎드려서 들으니 소리 있어 가라사대 사울아 사울아 네가 어찌하여 나를 핍박하느냐"(행 9:1-4)

이 소리를 듣는 이 순간을 예수 부활을 친히 체험한 바울의 회심(거듭남)이라고 한다. 이후 바울은 예수 그리스도의 지상 명령을 전하기 위하여 그가 가진 모든 것을 분토처럼 버리고 오직 "나의 달려갈 길과 주 예수께 받은 사명 곧 하나님의 은혜의 복음 증거하는 일을 마치려 함에는 나의 생명을 조금도 귀한 것으로 여기지 아니하노라"(행 20:24)라고 고백하는 그 믿음의 뿌리를 수리아 안디옥교회에 내리고, 교회는 그를 전도자로 파송하였다.

내가 교회사의 현장을 따라 순례한 곳은 2,000년의 장구한 세월이 지난 바울의 길 곧 복음의 현장이다. 그 길을 순례하며, 사라져 가는 초대 교회의 흔적을 확인하려고 안디옥에서부터 실루기아(Seleucia, 현/Samandag)로 내려갔으나 첫 여행에서는 구브로(Cyprus)로 가는 뱃길이 없어 먼 바다만 보고 돌아서게 되어 아쉬움이 그지 없었다. 이 후로 먼 길을 돌아 두 번이나 구브로의 살라미와 바보(Paphos)를 찾았고, 먼 바다 멜리데(Malta)에 내려 분명한 바울의 흔적과 교회의 진실을 사진으로 담았다. 그러나 사울(바울)의 회심 장소를 가보지 않고는 이 책을 완성할 수 없다는 생각에 다메섹을 방문함으로써 바울의 여정을 찾는 나의 순례를 마칠 수 있었다.
—프롤로그 중에서

In St. Paul's Steps by Baick Ho Lee

사도 바울이 복음 전파를 위해 목숨을 걸고 걸었던 그 길!
우리가 알아야 할 바울의 선교 현장!
사라져 가는 초대 교회의 흔적을 찾아 사진과 글로 담은 순례기

바울의 길 나의 길

In St. Paul's Steps by Baick Ho Lee

복음의 현장을 찾아서

안디옥을 시작으로 사도 바울이 걸었던 선교여행지를 따라 순례의 길을 더듬기 시작하여 사울이 예수님을 만났던 다메섹 도상까지 감격에 겨워 걸으며 기록한 글과 사진들. 로마의 핍박을 피해 땅 속 깊은 곳에 지하도시를 만들어 300년 동안 믿음을 지켜온 초대 교회 성도들의 눈물겨운 삶의 흔적들을 느낄 수 있다.

글·사진 이백호

크리스챤서적

사진으로 보는 그림 성경 A Photo Illustrated Bible

가나안에서 땅끝으로 *From Canaan to the Ends of the Earth*

THE
BIBLE ROAD

by Rev. Baick Ho Lee
Pacific Coast Mission Group

나의 달려갈 길과 주 예수께 받은 사명 곧 하나님의 복음 증거하는 일을 마치려 함에는 나의 생명을 조금도 귀한 것으로 여기지 아니하노라(행20:24)